지니포차의
방구석 홈술 라이프

지니포차의 방구석
홈술 라이프

—

2021년 7월 20일 1판 1쇄 발행
2021년 9월 3일 1판 3쇄 발행

—

지은이 이경진(지니포차)
펴낸이 이상훈
펴낸곳 책밥
주소 03986 서울시 마포구 동교로23길 116 3층
전화 번호 02-582-6707
팩스 번호 02-335-6702
홈페이지 www.bookisbab.co.kr
등록 2007. 1. 31. 제313-2007-126호

기획·진행 박미정
디자인 디자인허브

ISBN 979-11-90641-57-9(13590)
정가 18,000원

ⓒ 이경진, 2021

이 책은 저작권법에 따라 보호를 받는 저작물이므로 무단전재와 무단복제를 금합니다.
이 책 내용의 전부 또는 일부를 사용하려면 반드시 저작권자와 출판사에 동의를 받아야 합니다.

책밥은 (주)오렌지페이퍼의 출판 브랜드입니다.

지니포차의 방 / 구 / 석

홈술 라이프

글·사진 이경진 (지니포차)

책밥

PROLOGUE

퇴근 후 무엇을 만들어 먹을까 계획을 하며 장을 보고, 그날의 기분과 날씨, 분위기에 어울리는 술안주를 만들어 반주를 즐기던 일상이 지니포차의 시작이었어요. 야심한 시간에 공유하는 홈술 일상을 많은 분들이 좋아해주시고 '출구 없는 지니포차'라는 별명도 얻게 됐어요.

지니포차의 홈술 안주 책을 기획한 지 5년이라는 꽤 긴 시간이 흘렀어요.
매사에 털털하고 꼼꼼하지 못한 성격이지만, 자신에게는 누구보다 냉정하고 특히 일에 있어서 지독하게 완벽주의자인 탓이었던 것 같아요. 책이 나오기까지 긴 시간 동안 꽤 많은 변화가 있었는데, 좋아하는 요리에 깊이와 더 많은 시간을 투자하고 싶은 열정으로 고민 끝에 퇴사를 결정했어요. 보다 다양하고 폭넓은 음식들을 접해보고자 오랜 세월의 내공이 느껴지는 노포 식당, 자신만의 색깔로 재미있게 풀어낸 음식을 내놓는 주점이나 미슐랭 스타 셰프의 레스토랑 등을 가리지 않고 찾아다니며 직접 맛을 보고, 기회가 될 때마다 요리 수업을 다니며 세계의 다양한 요리를 접했어요.
그 덕분에 더 탄탄해진 레시피 북을 출간하게 되지 않았나 생각해 봅니다.

기쁜 일, 좋은 일이 있을 때나 지치고 힘들 때, 날이 좋을 때나 비가 오고 궂은 날, 술과 함께 하는 맛있는 안주는 일상에 즐거움이 되고 때로는 위로가 됩니다.
이 책을 통해 방구석 홈술 라이프를 훨씬 더 다채롭고 풍요롭게 즐길 수 있기를 바랍니다. 술을 즐기지 않는 분들도 식사 또는 손님 초대에 활용해도 좋을 것 같아요.

마지막으로 언제나 엄지척으로 평가해주시는 지니포차의 유일한 단골 고객님, 남편의 많은 지지와 도움에 고마움을 전합니다.

지니포차 주인장
이경진 드림

차례

계량 알아보기	12
음식의 풍미를 더해주는 허브 알아보기	15
다양한 주종에 어울리는 치즈 알아보기	17
소스와 향신료 알아보기	19
재료 손질하기	22

Part 1 · 혼술을 위한 안주 부담 없이 가볍게

감칠맛의 끝판왕!	명란구이와 마요네즈	31
시저 드레싱을 곁들인	로메인샐러드	33
통통한 새우가 쏘옥!	새우달걀말이	35
가볍지만 건강한 한 끼	아보카도새우썸머롤	37
아찔한 멕시코의 맛!	과카몰리나초칩	39
상큼함이 가득!	닭가슴살토마토샐러드	41
입이 심심할 때	에어프라이어 연근칩	43
참깨 드레싱을 곁들인	연두부샐러드	45
자꾸만 손이 가는	감자샐러드	47
알고 보면 술 도둑	곤약달걀장	49
태국식 누들 샐러드	얌운센	51
골라 먹는 재미가 쏙쏙!	한입베이컨말이꼬치	53
한입에 쏙쏙	양송이콘치즈	55
혼술이라도 외롭지 않아	문어소시지	57

Part 2 비가 오면 생각나는 운치 있는 술안주

특별한 날이 아니어도	소고기육전	61
달큰한 쪽파 위에 큼직한 해물이 듬뿍!	해물파전	63
돼지고기와 두부, 김치의 환상 조합	김치빈대떡	65
감자전에 감도는 핑크빛 기류!	명란감자전	67
비가 오면 매콤하게	두루치기두부김치	69
알고 보면 다이어트식	도토리묵무침	71
이 세상 조합이 아니야	문어삼합	73
콩나물과 삼겹살의 환상적인 만남!	콩불	75
노포 감성의 포차 안주	통오징어숙회	77
깔끔 시원한 국물	동죽조개탕	81
골라 먹는 재미가 쏠쏠!	부대전골	83
엄마의 손맛	손만두전골	85
닭고기와 대파 꼬치구이	야키도리	89
바다향 가득	굴튀김	93
추억의 그 시절	옛날왕돈가스	95
부산의 명물	낙곱새	97
진득한 국물의 힐링 푸드	차돌고추장찌개	101

Part 3 · 화끈한 술안주 — 스트레스가 많은 날

제철 미식 한 접시	**꼬막무침**	105
포장마차 대표 안주	**마늘닭똥집볶음**	109
뜨거운 유혹	**빨간오뎅**	111
깊은 감칠맛의 손두부 조림	**오징어두부두루치기**	113
매운 음식의 단짝	**폭탄달걀찜**	117
알찬 하루를 보낸 나에게 주는 선물	**치킨가라아게**	119
황제 떡볶이	**차돌박이떡볶이**	121
초간단 최고의 술안주	**중화풍 바지락볶음**	123
중독성 있는 매운맛!	**치즈등갈비**	125
화끈한 불맛!	**매콤볶음우동**	127
족발의 환골탈태!	**냉채족발**	131
태국식 새우탕	**똠얌꿍**	133
영혼을 채워주는 소울 푸드	**마파두부**	135
철판에 지글지글	**불오징어볶음**	137
멈출 수 없는 화끈한 매운맛	**매운돼지갈비찜**	139
이국적인 매운맛	**마라샹궈**	141
영혼을 채워주는 소울 푸드	**국물닭볶음탕**	143
따뜻하고 든든한 보양식	**닭한마리칼국수**	145
통새우 한 마리가 가득	**새우교자**	149

Part 4 · 분위기 내고 싶은 날 홈파티 술안주

와인과 어울리는 간단 안주	브리치즈카나페	155
건강하고 예쁜 파티 요리	연어브루스케타	157
2가지 매력	부라타치즈샐러드	159
매력적인 스페인의 맛!	감바스알아히요	161
따뜻한 문어와 감자 샐러드	뽈뽀	163
칼칼한 국물의 뚝배기 파스타	빼쉐	165
마음이 따뜻해지는	라자냐	169
테이블 위의 꽃	고추잡채	173
함께 하면 더욱 특별한	감자그라탱	175
건강에 좋은 재료가 듬뿍	치킨스튜	177
건강에 좋은 원팟 요리	고기말이채소찜	179
집에서 즐기는 펍	칠리치즈프라이	181
사 먹는 것보다 훨씬 맛있는	매콤닭강정	183
프랑스식 홍합탕	와인홍합찜	185
이탈리아 왕비처럼	마르게리타피자	187
입안 가득 육즙 폭발	수제버거	191
초간단 근사한 프랑스 가정식	연어파피요트	193

Part 5 · 숙취 안녕~ 다음 날도 가뿐하게 해장국

시원한 국물이 일품!	매생이굴국밥	199
깔끔한 감칠맛 한 그릇	맑은명란두부탕	201
든든한 한 끼 식사	속풀이콩나물해장국	203
경상도식 소고기 뭇국	얼큰소고기뭇국	205
천연 단백질 보충제	황태해장국	207
얼큰한 국물이 일품!	해물순두부	209
불맛 가득 얼큰한 국물	해물짬뽕	211
녹진한 국물에 비벼	카레우동	213

술과 술안주

술안주와 어울리는 술을 추천합니다.
개인적으로 잘 어울린다고 생각하는 메뉴와 술을 매칭한 것이니
취향껏 곁들여 주세요!

맥주

명란구이와 마요네즈 31 / 로메인샐러드 33 / 새우달걀말이 35 / 아보카도새우썸머롤 37 / 과카몰리나초칩 39 / 닭가슴살토마토샐러드 41 / 에어프라이어 연근칩 43 / 연두부샐러드 45 / 감자샐러드 47 / 얌운센 51 / 한입베이컨말이모치 53 / 양송이콘치즈 55 / 문어소시지 57 / 야키도리 89 / 굴튀김 93 / 옛날왕돈가스 95 / 치킨가라아게 119 / 차돌박이떡볶이 121 / 중화풍 바지락볶음 / 치즈등갈비 125 / 매콤볶음우동 127 / 똠얌꿍 133 / 마파두부 135 / 국물닭볶음탕 143 / 새우교자 149 / 감자그라탱 175 / 칠리치즈프라이 181 / 매콤닭강정 183 / 마르게리타피자 187 / 수제버거 191 / 연어파피요트 193

소주

새우달걀말이 35 / 곤약달걀장 49 / 문어삼합 73 / 콩불 75 / 통오징어숙회 77 / 동죽조개탕 81 / 부대전골 83 / 손만두전골 85 / 낙곱새 97 / 차돌고추장찌개 101 / 꼬막무침 105 / 마늘닭똥집볶음 109 / 빨간오뎅 111 / 오징어두부두루치기 113 / 폭탄달걀찜 117 / 냉채족발 131 / 불오징어볶음 137 / 매운돼지갈비찜 139 / 국물닭볶음탕 143 / 닭한마리칼국수 145

막걸리

소고기육전 61 / 해물파전 63 / 김치빈대떡 65 / 명란감자전 67 / 두루치기두부김치 69 / 도토리묵무침 71 / 문어삼합 73 / 꼬막무침 105

고량주

중화풍 바지락볶음 123 / 마파두부 135 / 마라샹궈 141 / 고추잡채 173 / 고기말이채소찜 179

와인

브리치즈카나페 155 / 연어부르스케타 157 / 부라타치즈샐러드 159 / 감바스알아히요 161 / 뽈뽀 163 / 빼쉐 165 / 라자냐 169 / 치킨스튜 177 / 와인홍합찜 185

계량 알아보기

다음은 본문에서 사용한 재료와 양념의 계량이에요. 개인적인 기준이니 참고하면서 각자의 입맛에 따라 조금씩 가감하세요.

1   1T - 1큰술이라는 의미로 15ml 분량이다.
2   1t - 1작은술이라는 의미로 5ml 분량이다.
3   1컵 - 작은 컵이나 종이컵 분량으로 200ml 정도를 말한다.

1. 간장, 맛술, 식초 등 액체류

가장자리가 넘치지 않을 정도로 평평하게 담는다.

2. 소금, 설탕, 밀가루 등 가루류

누르지 않고 가볍게 담아 윗부분을 평평하게 깎는다.

3. 마요네즈, 케첩 등 소스류, 고추장, 된장 등 장류

윗부분을 평평하게 깎아 담는다.

4. 깨, 견과류 등 알갱이류

꼭꼭 눌러 담고 윗부분을 깎는다.

5. 다진 마늘, 다진 생강, 다진 대파 등 양념류

다진 마늘 10g(약 2개), 다진 생강 10g(1마디), 다진 대파 10g(5cm)

음식의 풍미를 더해주는 허브 알아보기

많이 사용하는 허브에 대해 알아볼게요. 허브는 재료의 불필요한 향을 없애주고 풍미를 살려주는 향신료예요.

1. 로즈마리
'바다의 이슬'이라는 뜻이다. 특유의 강렬한 향으로 잡내를 없애주고 맛을 한층 더 살려준다. 고기와 생선 요리에 많이 사용되며, 말린 가루로 다양한 요리에 쓰인다. 너무 많이 사용하면 강한 향과 쓴맛이 날 수 있으니 적당량 사용한다.

2. 타임
상큼한 소나무향이 나는 향신료로 고기와 생선의 잡내를 없애준다. 서양 요리에서 주로 스테이크의 풍미를 끌어올리는 데 사용되며 스튜와 같이 장시간 조리하는 요리에도 향이 오래 지속된다.

3. 바질
이탈리아 요리에서 빠질 수 없는 향신료 중 하나로 토마토, 마늘, 가지, 치즈, 올리브오일 등과 잘 어울려 파스타, 피자, 샐러드 등 다양한 요리에 활용된다.

4. 딜
풀향과 같은 상쾌한 향이 나며 연어 등 생선 비린내 제거에 탁월하다. 레몬, 식초 등의 산성 재료와 만나면 특유의 풍미가 더욱 강해져 피클, 크림치즈, 요거트 등과 잘 어울린다.

5. 파슬리
샐러드, 수프, 생선이나 육류 요리 마지막에 주로 뿌리는데, 상큼한 맛과 진한 풀향 덕분에 입맛을 돋우는 역할을 한다.

6. 이탈리안 파슬리
일반 파슬리보다 부드러운 향을 가지고 있으며, 각종 수프, 파스타, 홍합찜 등 다양한 서양 요리에 활용된다.

7. 애플민트
사과와 민트를 섞어놓은 향이 나는 허브로 청량한 맛과 상쾌한 향으로 차로 우려 마시거나 모히토 등 칵테일 재료로도 사용된다.

8. 루콜라
고소하고 쌉쌀하면서도 겨자처럼 톡 쏘는 매운 향이 있다. 이탈리아 요리에 많이 쓰이며 샐러드나 피자에 주로 사용된다. 비타민과 미네랄이 풍부하며 독특한 향이 입맛을 돋운다.

9. 월계수잎
말린 잎은 고기 요리에서 잡내를 없애고, 수프나 스튜에 넣으면 특유의 강하고 매운 향이 난다. 피클에 넣으면 개운한 맛을 더한다.

10. 고수
동남아시아와 중국 요리에서 특히 많이 활용되며 특유의 향 때문에 호불호가 극명하게 갈린다. 잎은 얼얼한 향이 나고, 말린 씨는 달콤하면서도 매운 감귤 맛과 향이 난다. 입맛을 돋우고 소화를 촉진하는 효능이 있다.

다양한 주종에 어울리는 치즈 알아보기

치즈는 사람들이 아주 오래전부터 즐기던 음식이라고 해요. 술과 잘 어울리는 치즈를 알아볼게요.

1. 파르미지아노 레지아노 (Parmigiano-reggiano)

치즈의 왕으로 불리며 소금과 우유로만 만드는 이탈리아 정통 치즈다. 작은 조각 자체만으로도 와인에 잘 어울리며, 파스타, 리조토, 샐러드, 수프 등 다양한 음식에 갈아서 넣으면 풍미가 좋다.

2. 부라타 (Burrata)

이탈리아어로 부라타는 '버터 같은'이라는 뜻이다. 겉모양은 모차렐라와 비슷한데 속은 크림과 같은 우유맛의 풍미를 가지고 있다. 토마토, 올리브오일과도 잘 어울리며 샐러드, 빵, 프로슈토, 파스타, 피자에 곁들이기 좋다.

3. 브리 (Brie)

견과류의 고소함과 과일향이 풍부하고 크림처럼 부드러운 프랑스 치즈로 카망베르와 함께 대표적인 소프트 치즈다. 겉은 하얀색 곰팡이로 덮여 있으며 부드럽고 진한 풍미로 치즈의 여왕으로 불린다. 빵 또는 크래커와 함께 와인에 곁들이면 궁합이 좋다. 위벽을 보호하는 작용을 해 커피와 함께 먹으면 좋다.

4. 생모차렐라 (Fresh Mozzarella)

주로 남부 이탈리아에서 생산되는 소프트 치즈다. 수분 함량이 높아 매우 부드러우며 담백하고 고소한 우유맛으로 피자에 올려 먹거나 토마토, 바질과 함께 카프레제 샐러드에 들어간다.

5. 그뤼에르 (Gruyère)

스위스 하드 치즈로 오래 숙성해 향이 더 강하고 깊은 맛과 부드러운 감촉이 특징이다. 특유의 맛은 달콤함과 과일향이지만 견과류의 풍미도 느껴진다.

소스와 향신료 알아보기

이국적인 맛을 내는 소스와 향신료 몇 가지만 있으면 사 먹는 것 못지않은 요리를 할 수 있어요. 꼭 넣지 않아도 상관없지만 동남아나 중국 음식을 보다 완벽하게 완성하는 감초 역할을 합니다.

1. 스리라차 소스
붉은 고추, 식초, 설탕, 소금 등을 첨가하여 만드는 타이식 칠리소스이자 핫소스이다. 단맛이 적고 매콤 새콤한 맛이 강해 느끼함을 잡아주어 튀김 요리의 디핑소스로 사용하거나 쌀국수, 해산물 요리, 스프링롤, 볶음밥과도 잘 어울린다.

2. 똠얌 칠리 페이스트
매콤한 칠리와 샬롯, 피시소스, 설탕, 타마린드 등 갖가지 향신료를 첨가하여 대두유에 볶은 페이스트로 집에서 손쉽게 이국적인 맛의 똠얌꿍을 만들 수 있다.

3. 스위트 칠리소스
매콤한 빨간 고추에 설탕과 식초, 마늘 등을 배합한 소스로 새콤달콤한 맛 뒤에 은근한 매콤함으로 한국인의 입맛에도 잘 맞는다. 쌀국수, 스프링롤, 나초는 물론 각종 튀김 요리의 디핑소스로 다양하게 활용할 수 있다.

4. 피시소스
생선 액젓을 발효한 맑은 소스로 동남아 음식에 잘 어울린다. 우리나라 멸치액젓과 비슷하나 비리지 않고 감칠맛이 강해 볶음 요리는 물론 국물 요리에도 사용된다.

5. 마라소스
맵고 얼얼한 맛을 내는 중국 쓰촨 지역의 대표적인 향신료로 마라샹궈, 마라탕, 훠궈 등 각종 요리에 맞게 배합된 소스다. 집에서도 전문점과 비슷한 맛을 낼 수 있다.

6. 두반장
콩을 발효해 고추, 소금 등을 섞어 만든 것으로 마파두부, 탄탄면, 라조기 등 중화 요리에 널리 쓰인다. 고추장보다 텁텁하지 않고 칼칼한 맛을 내기 때문에 한식에서 매운맛을 내고 싶은 볶음, 조림, 찜 요리에도 두루 사용할 수 있다.

7. 화조유
산초 열매에서 향을 추출하여 깊은 마라향이 나는 오일이다. 얼얼한 맛과 향으로 볶음이나 무침, 탕에 한두 방울만 떨어뜨려도 쓰촨의 정통 마라향의 풍미를 더할 수 있다.

8. 굴소스
굴을 소금물에 담가 발효해서 간장처럼 만든 중국식 소스다. 어디에나 잘 어울리는 부드러운 맛으로 간장 대신 고기 밑간, 볶음, 조림류에 감칠맛을 더해준다.

9. 크러쉬드 레드페퍼

매운 건고추 씨를 거칠게 빻은 것으로, 파스타, 피자, 샌드위치 등의 다양한 요리에 활용할 수 있다. 오일파스타에 뿌리면 독특한 매콤함으로 느끼함을 잡아준다.

10. 이탈리안 허브 시즈닝

로즈마리와 타임, 오레가노, 바질 등의 허브와 매콤함을 더해주는 파프리카, 후추 등이 함유된 향신료이다. 피자, 마늘빵, 토마토 요리와 소스에 풍미를 더하는 것은 물론 육류와 생선구이의 잡내를 없애준다.

11. 훈제 파프리카 파우더

파프리카를 건조 및 참나무로 훈증하여 스페인 요리에서는 빼놓을 수 없는 국민 향신료로 불린다. 한국의 고춧가루와 달리 맵지 않으면서 빨간 색감을 낼 수 있어 활용도가 높다. 육류와 해산물 요리에 뿌리면 특유의 훈연향이 풍미를 더해준다.

12. 페페론치노

이탈리아 요리에 사용되는 매운 고추를 말한다. 크기는 작지만 서서히 올라오는 묵직하고 깊은 매운맛이 특징이다. 파스타나 감바스에 넣으면 느끼함을 잡아주어 맛이 깔끔하다. 통째로 넣기도 하고 칼등이나 손으로 부숴서 넣으면 더 매콤하다.

13. 시치미

고춧가루를 비롯해 7가지 재료가 들어간 향신료이다. 라면 스프처럼 매콤하면서 고소하고 약한 짠맛이 감돈다. 우동이나 돈부리, 라멘이나 기름기 많은 음식에 향과 매콤한 맛을 낸다.

14. 디종 머스터드

프랑스 부르고뉴 지방의 디종에서 처음 만들어졌으며, 부드러우면서 강한 매운맛이 나는 머스터드이다. 껍질을 벗긴 겨자씨에 와인, 소금, 향신료를 혼합하여 만든다. 톡 쏘는 맛이 나면서 끝맛이 부드러운 고급 드레싱용 프렌치 머스터드이다.

15. 홀그레인 머스터드

다양한 요리에 활용할 수 있는 가장 기본적인 머스터드 소스다. 어떤 요리에 넣어도 부드러운 향과 알갱이가 살아 있는 것이 특징이다. 샌드위치에 스프레드로 바르고, 각종 소스나 드레싱에도 사용한다. 구운 육류 요리에 곁들이는 것이 가장 맛있다.

16. 쥐똥고추

태국을 중심으로 동남아시아 곳곳에서 재배되는 '프릭키누'를 말한다. 태국 고추 또는 베트남 고추라고도 불리며 매운맛이 청양고추의 5배 이상이다. 매운맛을 내는 중국 요리에도 널리 사용된다.

17. 생강가루

한식 요리에 주로 사용하며 보관하기 편리하다. 고기나 생선의 잡내를 없애주어 육류 요리나 볶음, 생선 조림 등에 사용한다.

재료 손질하기

술안주에 많이 들어가는 해산물과 닭고기 손질하는 방법에 대해 알아볼게요. 왠지 어려울 거라는 선입견이 있는데 생각보다 복잡하지 않으니 한번 짚고 넘어갈게요.

오징어 손질하기

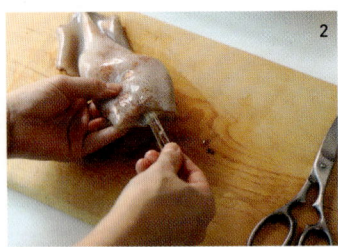

통으로 손질하는 법

1 몸통에 손을 넣어 내장이 붙은 다리를 잡아당겨 빼낸다.
2 손을 넣어 몸통에 붙은 뼈를 제거한다.
3 가위로 다리에 붙은 내장을 자른다.
4 다리 사이를 벌리고 주둥이 주변을 눌러 주둥이를 제거한다.
5 손가락으로 다리를 훑어 빨판을 제거한다.

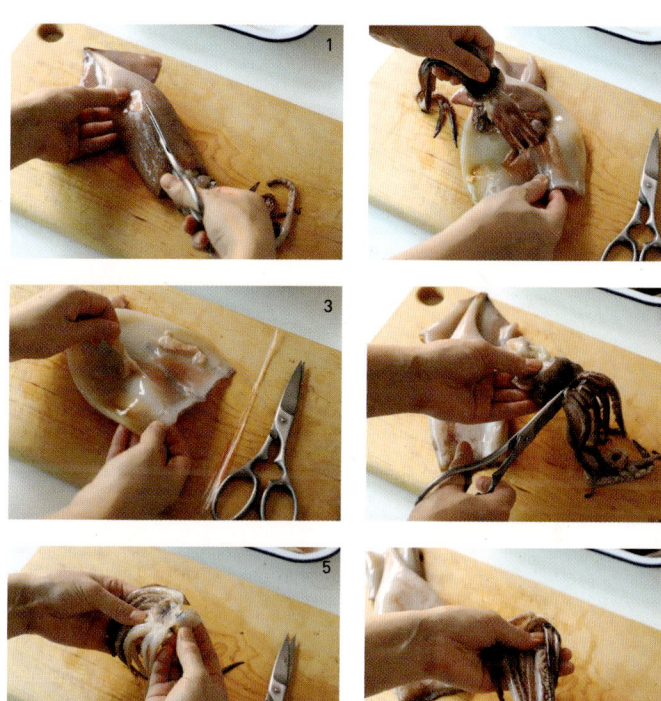

갈라서 손질하는 법

1 오징어를 뒤집어놓고 가위로 몸통을 가른다.
2 한손으로 몸통을 잡고, 다른 손으로 다리를 위로 잡아당겨 내장을 분리한다.
3 몸통에 붙은 뼈와 불필요한 부분을 제거한다.
4 가위로 다리에 붙은 내장을 자른다.
5 다리 사이를 벌리고 주둥이 주변을 눌러 주둥이를 제거한다.
6 손가락으로 다리를 훑어 빨판을 제거한다.

새우 손질하기

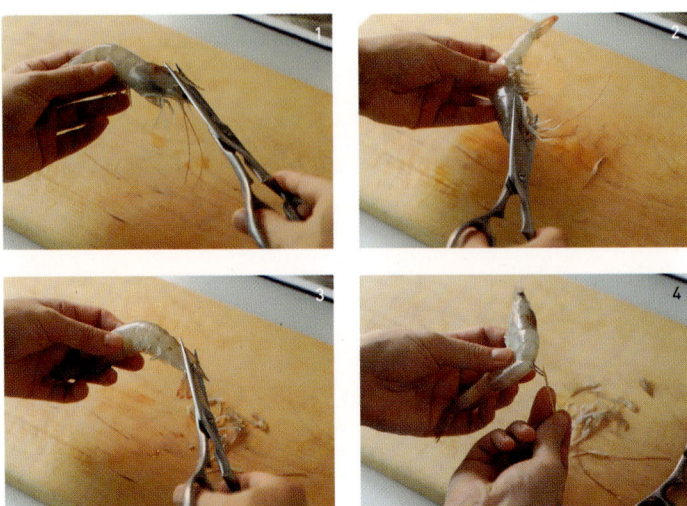

1 새우 대가리의 날카로운 뿔을 가위로 잘라낸다.
2 긴 수염과 다리를 잘라낸다.
3 꼬리 쪽에 붙어 있는 뾰족한 물총을 제거한다.
   ⊕ 물총은 날카로워 찔리기 쉽고, 튀김 요리 시 수분이 터져나와 기름이 튈 수 있으니 반드시 제거한다.
4 이쑤시개를 새우등의 2~3번째 마디 사이에 찔러 넣어 내장을 빼낸다.

> 조개 해감하기

1 큰 볼에 조개가 잠길 정도의 물을 붓고 굵은 소금을 넣어 완전히 녹을 때까지 잘 저어준다.
   ⊕ 조개 500g당 소금 1T가 적당하다.

2 조개를 넣고 철 성분이 있는 숟가락이나 포크 등의 집기를 넣는다.
   ⊕ 소금이 철 성분과 만나 화학작용으로 발생한 열과 냄새가 조개를 자극해 입을 벌려 이물질을 토해낸다.

3 검은 비닐이나 검은 천을 덮어 1~2시간 어둡고 서늘한 곳 또는 냉장고에 둔다.
   ⊕ 빛을 차단해 조개들이 서식하는 환경과 비슷하게 만들어주면 입을 벌려 이물질을 더 쉽게 토해낸다.

4 해감한 조개를 바락바락 비벼 씻고 흐르는 물에 깨끗이 헹군다.

홍합 손질하기

1 1차 세척-홍합을 흐르는 물에 비벼가며 씻는다.
　⊕ 홍합은 주로 배 주변이나 바위에 붙어 살기 때문에 모래를 머금고 있지 않아 해감이 필요 없다. 깨지거나 입을 벌린 홍합은 버린다.
2 튀어나온 족사를 입이 좁은 아래 방향으로 당겨 제거한다.
3 홍합 껍질을 이용해 다른 껍질에 붙은 이물질을 제거한다.
4 2차 세척-흐르는 물에 2~3회 깨끗이 씻어낸다.

닭 손질하기

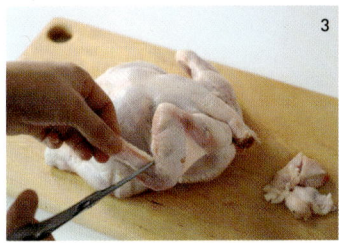
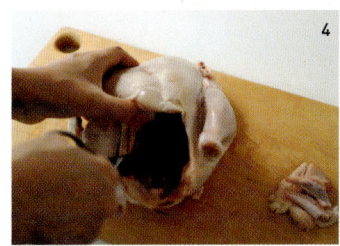

1   닭의 꽁지 부분을 가위로 잘라낸다.
2   꽁지와 목 주변의 지방을 제거한다.
    ⊕ 지방을 제거해야 맑고 깊고 고소한 국물맛을 낼 수 있다.
3   불필요한 닭날개 끝부분은 잘라낸다.
4   몸 안쪽을 긁어 남은 내장과 핏덩어리를 제거한 뒤 흐르는 물에 깨끗이 씻는다.
    ⊕ 내장과 피를 깨끗이 제거해야 잡내가 없다.

drink
&
dish

간편하고 빠르게 만들 수 있는 안주를 소개합니다.
감성에 젖어 홀로 술잔을 기울이고 싶은 날, 퇴근 후 위로받고 싶은 저녁,
왁자지껄한 모임이 끝나고 딱 한잔이 아쉬울 때
공허함을 채워줄 부담 없고 가벼운 안주를 만들어볼게요.

Part 1

부담 없이 가볍게
혼술을 위한 안주

감칠맛의 끝판왕!

명란구이와 마요네즈

명란젓은 특유의 감칠맛 덕분에 특별한 조리법 없이도 존재감이 확실한 식재료예요. 고소한 참기름을 바른 명란을 석쇠에 올려 직화로 구우면 불향이 입혀져 명란 특유의 감칠맛이 배가됩니다. 늦은 밤 부담 없이 혼술을 즐길 수 있는 안주예요.

재료 (1~2인분)
저염 명란젓 약 100g(2~3개 분량), 참기름 1T, 대파(줄기 부분) 1대, 마늘 5~6개, 오이 1개, 마요네즈 3T, 시치미(또는 고춧가루), 쪽파 조금, 와사비

1. 대파는 손가락 한 마디 길이로 썰고, 마늘은 꼭지를 제거한다. 오이는 얇게 썬다.
2. 명란에 참기름을 고루 바른다.
3. 석쇠에 명란, 대파, 마늘을 올리고 직화로 약불에 앞뒤로 굽는다.
4. 구운 명란을 한입 크기로 잘라 쪽파를 솔솔 뿌리고, 오이와 마요네즈를 곁들여 낸다.
   ⊕ 기호에 따라 와사비를 곁들여도 좋다.

간단하게 조리하기
달군 팬에 참기름을 두르고 약불에 명란을 돌려가며 굽는다. 한쪽에 대파와 통마늘을 함께 구워도 된다. 기호에 따라 참기름 대신 버터를 발라도 좋다.

시저 드레싱을 곁들인

로메인샐러드

아삭한 로메인 상추 위에 베이컨, 크루통, 파르메산 치즈를 올린 시저 샐러드는 스테이크에 곁들여 먹기에도 좋고, 닭가슴살과 함께 다이어트용 한 끼 식사는 물론 시원한 맥주 안주로도 부담 없이 즐길 수 있어요.

재료 (1~2인분)
로메인 2포기, 베이컨 3장, 식빵 2장, 올리브오일 2T, 파르메산 치즈 블럭 1조각

시저 드레싱
엔초비 2마리, 마요네즈 4T, 레몬즙 1T, 다진 마늘 1t, 파르메산 치즈 가루 1T, 설탕 1T, 후춧가루 조금

1 식빵은 큐브 모양으로 작게 잘라 프라이팬에 올리브오일을 두르고 노릇하게 구워 크루통을 만든다.

2 베이컨은 먹기 좋은 크기로 잘라 앞뒤로 바싹 구운 뒤 키친타월에 올려 기름기를 뺀다.

3 다진 엔초비와 드레싱 재료를 잘 섞어 시저 드레싱을 만든다.
　✚ 엔초비 대신 액젓 1T, 레몬즙 대신 식초 1T로 대체해도 된다.

4 반으로 가른 로메인을 펼쳐놓고 구운 베이컨과 크루통을 올린 뒤 시저 드레싱을 두르고 파르메산 치즈 가루를 뿌린다.

통통한 새우가 쏘옥!

새우달걀말이

누구나 좋아하는 국민 반찬 달걀말이. 조금 더 특별하게! 통새우 품은 달걀말이를 만들어볼게요. 시원한 맥주와 함께 보드라운 달걀말이를 한입 가득 넣으면 마음만은 부자가 된 느낌이에요. 비주얼도 근사한 새우 달걀말이는 도시락에 활용해도 좋아요.

재료 (2인분)
새우 4마리, 달걀 5개, 쪽파 4대, 맛술 1T, 소금 1t, 식용유 적당량

1 새우는 머리와 내장, 껍질을 제거하고 끓는 물에 살짝 데친다.
  ⊕ 새우 손질하기(24쪽)
2 쪽파는 잘게 다진다.
3 달걀에 소금, 맛술을 넣어 잘 풀어준다.
4 달걀말이 팬에 기름을 얇게 두른 다음 달걀물을 적당히 붓고 쪽파, 새우 순서로 올린다. 달걀이 어느 정도 익으면 새우를 달걀로 감싸듯 말아준다. 계속해서 달걀물을 부어가며 달걀말이를 완성한다.
  ⊕ 약불을 유지하며 갈색으로 타지 않도록 주의한다. 팬이 마르지 않도록 중간중간 식용유를 적당히 둘러가며 완성한다.

가볍지만 건강한 한 끼

아보카도새우썸머롤

라이스페이퍼에 갖은 채소와 고기, 해산물을 올리고 돌돌 만 월남쌈을 튀긴 것이 스프링롤, 그대로 먹는 것을 썸머롤이라 부릅니다. 평소에 잘 먹지 않는 채소들을 많이 먹을 수 있어 영양소 섭취뿐 아니라 피부 건강과 다이어트에도 좋아요.

재료 (1~2인분)
라이스페이퍼 6장, 아보카도 1/2개, 칵테일 새우 10~12마리, 빨강·노랑 파프리카 각 1/2개, 오이 1개

느억맘 소스
피시소스 2T, 황설탕 2T, 레몬즙(식초로 대체 가능) 2T, 물 1/4컵, 다진 마늘 1/2T, 홍청양고추 1개

1. 새우는 끓는 물에 살짝 데친 후 체에 받쳐 물기를 뺀다.
   ✚ 새우 대신 크래미, 닭가슴살 등으로 대체해도 좋다.
2. 아보카도는 껍질과 씨를 제거한 후 슬라이스하고, 파프리카는 꼭지와 심지를 제거한 후 과육만 얇게 채 썬다.
3. 오이는 돌려 깎아서 얇게 채 썰고, 칵테일 새우는 꼬리를 제거하고 큰 것은 반으로 가른다.
4. 미지근한 물에 살짝 담가 부드러워진 라이스페이퍼를 도마 위에 깔고, 가운데 재료들을 차곡차곡 올린 후 말아 느억맘 소스나 칠리소스를 곁들여 낸다.
   ✚ 스위트 칠리소스는 시판용 제품을 사용하면 된다. 고기가 들어간다면 땅콩 소스를 곁들여도 좋다.

아찔한 멕시코의 맛!

과카몰리나초칩

산뜻한 아보카도 딥소스를 곁들인 나초칩은 한여름 밤이 생각나는 안주입니다. 잘 익은 아보카도를 으깨 만든 과카몰리는 짭짤하고 고소한 나초칩과도 어울리며, 카나페, 샌드위치 등으로도 활용할 수 있어요.

재료 (1~2인분)
아보카도 1개, 양파 1/4개, 토마토 1/2개, 라임즙 1T, 소금 조금, 후춧가루 조금, 고수(선택)

1 아보카도는 반으로 잘라 껍질을 벗기고 씨를 제거한 후 볼에 담아 포크로 으깬다.
2 씨를 제거한 토마토와 양파를 굵게 다진다.
3 으깬 아보카도에 다진 토마토와 양파를 넣고, 라임즙과 소금, 후춧가루를 넣어 섞는다. 취향에 따라 고수를 찢어 올린다.
4 과카몰리를 그릇에 담고 나초칩을 곁들여 낸다.

잘 익은 아보카도 고르기
아보카도가 초록색이면 덜 익은 것이고 손으로 쥐었을 때 부드럽고 탄력이 느껴지면서 진한 갈색을 띠면 후숙이 잘된 것이다. 구입할 때는 초록색 아보카도를 골라야 후숙하는 데 시간이 걸리더라도 신선하게 오래 두고 먹을 수 있다. 아보카도를 빨리 후숙하려면 바나나, 사과 등의 과일과 함께 보관한다. 실온에서 후숙한 후에 쿠킹호일이나 신문지에 싸서 냉장 보관하면 오랫동안 신선하게 먹을 수 있다.

상큼함이 가득!

닭가슴살토마토샐러드

치맥을 즐기기에 칼로리가 부담스럽다면 닭가슴살토마토샐러드를 만들어보세요. 상큼한 토마토와 양파의 감칠맛, 담백한 닭가슴살이 어우러진 샐러드는 맥주와도 잘 어울린답니다. 미리 만들어 차갑게 준비해두었다가 손님 초대 상차림의 전채 요리로 내도 좋습니다.

재료 (2인분)
완숙 토마토(큰 것) 2개, 닭가슴살 1덩이(100g), 양파 1/2개, 바질 잎 4장

겨자 드레싱
홀그레인 머스터드 2t, 다진 양파 1T, 레몬즙 2T, 꿀 1t, 올리브오일 4T, 소금 조금, 후춧가루 조금

1 분량의 재료를 모두 섞어 겨자 드레싱을 만든 후 냉장고에 넣어 30분 이상 차갑게 보관한다.
2 양파는 얇게 채 썰어 찬물에 약 10분 정도 담가 매운맛을 뺀 뒤 물기를 제거한다. 닭가슴살은 찢어두고, 바질 잎은 얇게 채 썬다.
3 토마토는 꼭지 부분까지 완전히 자르지 않고 8등분해서 꽃 모양처럼 펼친다.
4 토마토에 닭가슴살-양파 순으로 올리고 채 썬 바질잎을 올린 뒤 겨자 드레싱을 넉넉히 뿌린다.

닭가슴살 고르기
시중에서 쉽게 구입할 수 있는 조리된 제품을 사는 것이 좋다. 간편하기도 하지만 훈제나 수비드 등으로 조리되어 생닭으로 바로 조리하는 것보다 훨씬 촉촉하다.

입이 심심할 때

에어프라이어 연근칩

연근은 섬유질과 비타민C가 풍부해 건강에 좋은 대표적인 뿌리채소 중 하나예요. 몸에 좋은 연근을 맛있게 많이 먹을 수 있는 방법이면서 튀기지 않고 조리해 마음껏 먹어도 죄책감 없는 간식 겸 안주랍니다.

재료 (3~4인분)
연근 1통(400g), 식초 1T, 소금 조금

1 연근은 필러를 이용해 껍질을 벗기고 0.1cm 두께로 최대한 얇게 썬다.
　◎ 채칼을 이용해도 된다.

2 물에 식초와 소금을 섞고 얇게 썬 연근을 15분 정도 담가둔다.
　◎ 연근을 물에 담가두면 전분기가 제거되어 더욱 바삭한 식감을 즐길 수 있다. 식초를 몇 방울 섞으면 변색을 막을 수 있다.

3 연근을 건져 키친타월로 꾹꾹 눌러 물기를 제거한다.

4 에어프라이어에 연근을 겹치지 않게 펼쳐놓고 160도에서 10분, 뒤집어서 10분 굽는다. 완성된 연근칩에 소금을 살짝 뿌려 섞는다.

더 바삭하게 조리하기
수분을 제대로 제거하지 않으면 연근끼리 달라붙어 열이 고루 가해지지 않을 수 있다. 키친타월로 남은 수분을 충분히 제거한다. 더욱 바삭한 식감을 원한다면 비닐팩에 기름과 연근을 넣고 섞거나 오일 스프레이를 뿌린다.

참깨 드레싱을 곁들인

연두부샐러드

그냥 지나치기엔 아쉬운 저녁이라면 연두부샐러드로 가볍게 하루를 마무리해보세요. 차가운 연두부에 신선한 채소와 연근칩, 견과류를 올려 포만감은 더하고, 칼로리 부담은 적어서 다음 날 아침에도 가뿐한 기분을 느낄 수 있어요. 맛은 물론 영양까지 놓치지 않는 안주랍니다.

재료 (1~2인분)
연두부 1모(250g), 어린잎채소 1줌, 견과류 적당량, 연근칩 6~7개(43쪽)

참깨 드레싱
참깨 간 것 2T, 마요네즈 3T, 설탕 1T, 간장 1T, 물 1T, 레몬즙(식초로 대체 가능) 1T

1 분량의 재료를 섞어 참깨 드레싱을 만든다.
   ⊕ 참깨는 깨소금을 사용해도 되고 양 손바닥으로 으깨 바로 넣으면 훨씬 더 고소하다.
2 어린잎채소는 찬물에 잠시 담가두었다가 깨끗이 씻은 뒤 물기를 뺀다.
3 그릇에 연두부를 담고 드레싱을 듬뿍 뿌린다.
4 연두부 위에 어린잎채소, 연근칩 순으로 올리고 견과류를 뿌린다.

좋은 연근 선택하기
상처가 없고 들었을 때 묵직하며 옅은 주황색을 띤 것으로 모양이 휘지 않고 곧은 것을 고른다. 조금 귀찮더라도 썰어놓은 것보다 흙이 묻어 있는 것을 통째로 구입하는 것이 신선하다.

자꾸만 손이 가는

감자샐러드

아는 맛이라 더욱 당기는 음식이 있죠. 샐러드보다는 '사라다'라는 표현이 왠지 더욱 친숙하게 느껴지는, 누구나 좋아하는 맛이에요. 짭쪼름하고 고소한 감자샐러드는 맥주 안주는 물론 밥반찬이나 빵 속에 넣어 샌드위치로 즐겨도 아주 좋아요.

재료 (2~3인분)
감자 2개, 오이 1/2개, 당근 1/6개, 캔 옥수수 2T, 크래미 2개, 크래커, 사과 1/4개, 반숙 달걀 2개, 샐러리 1대

드레싱
마요네즈 3T, 버터 1T, 소금 조금, 후춧가루 조금

1 감자는 껍질을 벗겨 4등분한 뒤 끓는 물에 넣고 완전히 삶는다.
2 크래미는 잘게 찢고, 오이와 당근은 얇게 썰어서 소금에 버무려 10분간 절인 후 물기를 꼭 짠다.
3 삶은 감자는 뜨거울 때 버터를 넣고 적당히 으깬다.
4 으깬 감자에 2와 캔 옥수수, 드레싱 재료를 섞는다. 감자샐러드와 반숙 달걀, 사과, 샐러리와 크래커를 함께 플레이팅한다.

알고 보면 술 도둑

곤약달걀장

달콤 짭쪼름한 맛간장에 조린 부드러운 달걀을 깨트려 밥에 쓱쓱 비벼 먹으면 명불허전 밥도둑이지만, 버섯과 함께 졸이면 좋은 술안주가 된답니다. 수분과 식이섬유가 풍부한 곤약을 넣은 곤약달걀장은 칼로리도 적어 다이어트 중에도 적극 추천하는 안주입니다.

재료 (2~3인분)
달걀 6~7개, 곤약 50g, 표고버섯 4개, 꽈리고추 5~6개

맛간장
대파(흰 부분) 1대, 양파 1/2개, 다시마 2장, 물 300ml, 간장 200ml, 맛술 100ml, 설탕 2T, 청주 2T

1. 달걀은 끓는 물에 6분 30초 삶은 뒤 찬물에 담가 충분히 식힌 후 껍질을 벗긴다.
2. 대파는 3cm 길이로 자르고, 양파는 가로로 둥글게 썬다. 표고버섯은 4등분하고, 곤약은 가운데 칼집을 내고 뒤집어서 꽈배기 모양을 만든다. 꽈리고추는 포크로 찔러 구멍을 낸다.
3. 냄비를 달군 후 대파와 양파를 타지 않을 정도로 앞뒤로 구워 향을 낸 뒤 물을 붓고, 나머지 맛간장 재료를 넣는다. 팔팔 끓으면 중약불로 줄여 10분 정도 더 끓인 후 대파와 양파, 다시마는 건져낸다.
4. 맛간장에 곤약, 표고버섯을 넣어 한소끔 더 끓인 후 마지막에 꽈리고추를 넣고 불을 끈 뒤 잠시 식힌다.
5. 보관 용기에 반숙 달걀과 나머지 재료들을 담고 맛간장을 부어 실온에서 반나절 숙성한 뒤 냉장 보관한다.

태국식 누들 샐러드

얌운센

얌운센은 녹두로 만든 당면과 갖은 채소, 해물을 넣어 만든 태국식 샐러드입니다. 상큼한 라임즙과 피시소스, 매운 고추가 들어가 신맛, 짠맛, 단맛, 매운맛이 고루 어우러진 태국 음식의 특징을 잘 보여줍니다. 시원한 맥주와도 잘 어울려요.

재료 (2인분)
버미셀리 면(쌀국수) 50g, 칵테일 새우 6마리, 방울토마토 5개, 오이 1/2개, 양파 1/4개, 땅콩 10개, 고수 1줌(선택)

드레싱
피시소스 3T, 라임즙(또는 레몬즙) 1개, 스리라차 핫소스 2T, 설탕 1.5T, 다진 마늘 1t, 홍청양고추 1개

1. 버미셀리 면은 찬물에 담가 30분간 불린 후 끓는 물에 약 30~40초 살짝 삶아 찬물에 헹궈 물기를 뺀다.
   ⊕ 시간을 줄이고 싶다면 불리지 않고 끓는 물에 3~4분간 삶아도 된다. 버미셀리 면 대신 곤약면을 사용해도 좋다.
2. 칵테일 새우는 끓는 물에 살짝 데친다.
   ⊕ 새우 대신 닭가슴살을 사용해도 좋다.
3. 분량의 재료를 모두 섞어 드레싱을 만든다.
   ⊕ 매운맛의 선호도에 따라 스리라차 핫소스 대신 스위트 칠리소스를 사용해도 좋다.
4. 양파는 얇게 채 썰고, 방울토마토는 반으로 자르고, 오이와 드레싱에 넣을 홍청양고추도 적당한 크기로 썬다. 땅콩은 굵게 다진다.
5. 그릇에 쌀국수 면과 채소, 새우를 담고 드레싱을 부어 버무린다. 샐러드를 접시에 담고 땅콩을 뿌린 후 취향에 따라 고수를 올린다.

손님 초대상에 다른 음식과 함께 낼 경우 드레싱과 샐러드를 따로 담아서 먹기 직전에 뿌린다. 채소의 숨이 죽지 않고 보기에도 훨씬 좋다.

골라 먹는 재미가 쏙쏙!

한입베이컨말이꼬치

베이컨을 새우와 각종 채소에 돌돌 말고 꼬치에 꽂아 구워서 한입에 쏙! 골라 먹는 핑거 푸드입니다. 여럿이 모여 각자 좋아하는 재료로 함께 만들어도 재미있어요.

재료 (2~3인분)
새우 6마리, 아스파라거스 4대, 가래떡 1줄, 방울토마토 6개, 팽이버섯 100g, 베이컨 15장, 파슬리 조금, 소금 조금, 후춧가루 조금

1 새우는 머리와 껍질, 내장을 제거한 후 소금, 후춧가루를 뿌려 밑간을 해둔다.

2 아스파라거스의 밑동은 잘라내고 필러로 줄기 부분의 껍질을 벗긴 뒤 한입 길이로 자른다.

3 방울토마토는 꼭지를 떼어내고, 팽이버섯은 밑동을 제거하고 한입 길이로 자른다. 가래떡도 같은 길이로 자른다.

4 1, 2, 3의 재료를 베이컨으로 돌돌 말아 꼬치에 꽂는다.
  ⊕ 베이컨을 여러 겹 두르면 재료들이 익지 않을 수 있다. 베이컨은 한 바퀴 반 정도만 둘러준다.
  ⊕ 꼬치를 끼울 때 베이컨을 돌려 감은 끝부분을 서로 마주 보게 끼우면 벗겨지지 않는다.

5 달군 팬에 기름을 살짝 두르고 베이컨말이꼬치를 약불에 앞뒤로 노릇하게 굽는다. 먹기 전에 파슬리를 뿌린다.
  ⊕ 에어프라이어는 180도에 7분간 굽는다.

한입에 쏙쏙

양송이콘치즈

대표적인 국민 맥주 안주 콘치즈에 모차렐라 치즈까지 합세하면 절대 거부할 수 없는 유혹적인 안주가 됩니다. 양송이버섯 속에 콘치즈를 가득 채워 구우면 한입에 쏙! 즐기기에 더할 나위 없어요.

재료 (2인분)
캔 옥수수 1컵(100g), 양송이버섯 큰 것 6개, 양파 1/6개, 빨강 파프리카 1/6개, 버터 1T, 마요네즈 1T, 설탕 1t, 모차렐라 치즈 1/2컵, 파슬리 가루 조금

1 캔 옥수수는 체에 받쳐 물기를 빼고, 양파와 파프리카는 잘게 다진다.
2 달군 팬에 버터를 녹이고 양파를 볶다가 옥수수와 파프리카를 순서대로 넣는다. 마요네즈와 설탕을 넣어 센 불에 잠시 볶아 수분을 날린다.
3 양송이버섯의 기둥을 제거하고 2를 올린 다음 모차렐라 치즈를 듬뿍 올린다.
4 200도 오븐에 10분간 노릇하게 구워 파슬리 가루를 솔솔 뿌린다.
  ⊕ 에어프라이어는 180도에 10분간 굽는다.

혼술이라도 외롭지 않아

문어소시지

맥주와 잘 어울리는 소시지를 문어 모양으로 만들어 보는 재미까지 더했어요. 수북이 올린 양배추와 함께 차가운 맥주 한잔을 더하면 묵은 피로까지 스르르 풀릴 거예요.

재료 (2인분)

비엔나 소세지 긴 것 10개, 양배추 1/6통, 튀김가루 1/2컵, 물 100ml, 빵가루 1/2컵, 레몬 1조각, 케첩 조금

1   양배추는 최대한 얇게 채 썰어 얼음물에 10분간 담가두었다가 체에 받쳐 물기를 뺀다.
   ⊕ 채 썬 양배추를 얼음물에 담가두면 아삭한 식감을 즐길 수 있다.

2   소시지는 몸통의 절반가량을 6등분으로 칼집을 내고 가른 부위에 꼬치를 꽂는다.

3   튀김가루와 물을 1:1 비율로 섞어 튀김옷을 만든다.

4   꼬치에 낀 소시지에 튀김옷과 빵가루를 순서대로 묻히고 170도에 노릇하게 튀긴다.
   ⊕ 반죽을 한 방울 떨어뜨렸을 때 중간쯤 내려가다 다시 올라오면 튀기기 적정한 170~180도이다. 그 이하일 경우 재료가 바닥에 가라앉고, 그 이상의 온도에서는 소리가 나면서 색이 변한다. 예열 중 기름에서 연기가 나면 과열된 것이므로 겉만 타고 속은 제대로 익지 않을 수 있다.

5   접시에 양배추를 수북이 담고 레몬즙을 뿌린 뒤 문어소시지와 케첩을 함께 낸다.

drink
&
dish

추적추적 비 오는 날이면 생각나는 술 한잔과 안주가 있지요.
노릇노릇 부친 전과 입안을 개운하게 해줄 막걸리 한잔,
보기만 해도 속이 뜨끈해지는 전골과 소주 한잔,
고소한 기름 냄새를 풍기며 바삭하게 튀겨낸 튀김과 맥주 한잔.
빗소리를 배경음악 삼아 멋스럽게 차려낸 술안주는
빈속과 마음까지 넉넉히 채워줍니다.

Part 2

비가 오면 생각나는
운치 있는 술안주

특별한 날이 아니어도

소고기육전

육전은 주로 명절이나 손님상에 올리는 음식으로 알고 있지만, 조리법이 비교적 간단해 고기만 있으면 언제든 쉽게 즐길 수 있어요. 방금 부친 따끈한 육전에 향긋한 달래무침을 싸서 먹으면, 고기의 육즙과 달래 향이 입안 가득 어우러져 개운하고 고급스러운 맛을 냅니다.

재료 (2인분)
쇠고기(홍두깨살) 200g, 달래 70g, 양파 1/4개, 밀가루 1/2컵, 달걀 2개, 소금 조금, 참기름 조금, 후춧가루 조금

달래무침 양념장
고춧가루 1/2T, 매실청 1T, 간장 1/2T, 설탕 1/2T, 식초 1T, 참기름 1/2T, 통깨 조금

1 깨끗이 손질한 달래는 3등분으로 자르고, 양파는 얇게 채 썬다.
   ⊕ 달래 대신 파채, 영양부추를 사용해도 좋다.
2 육전용 소고기는 키친타월로 눌러 핏물을 제거하고 소금, 후춧가루, 참기름을 섞어 붓으로 고루 발라 밑간을 한다.
   ⊕ 소고기는 홍두깨살, 우둔살 등 기름기가 적은 부위가 좋다. 온라인 마켓에서 육전용 고기를 따로 손질해서 팔기도 하고, 정육점에서 용도를 이야기하면 알맞게 손질해준다.
3 볼에 달걀을 풀고 소금 1꼬집으로 간을 한다. 밑간한 소고기에 밀가루, 달걀물 순으로 묻혀 기름을 넉넉히 두른 팬에 노릇하게 굽는다.
4 달래, 양파를 양념장에 살살 무쳐 육전에 곁들인다.
   ⊕ 달래는 양념을 넣으면 바로 숨이 죽으니 먹기 직전에 무친다.

달래 손질하기
알뿌리 겉껍질을 벗겨내고 뿌리 안쪽의 검은 심을 떼어낸다. 뿌리 부분을 물에 담가 흔들어 씻은 다음 흐르는 물에 깨끗이 헹군다.

달큰한 쪽파 위에
큼직한 해물이 듬뿍!

해물파전

통오징어와 새우를 듬뿍 올려 입안에 퍼지는 해산물의 감칠맛이 정말 매력적인 안주입니다. 부드럽고 달큰한 쪽파는 오징어와 함께 먹으면 영양뿐 아니라 맛 궁합도 좋아 오징어 요리에 빠짐없이 들어가는 재료예요.

재료 (2~3인분)
부침가루 1.5컵, 물 1컵, 얼음 1/2컵, 쪽파 1줌, 양파 1/4개, 당근 1/6개, 청양고추 2개, 오징어 1마리, 새우 6마리, 조갯살 1/2줌, 맛술 1T, 소금 조금

초간장
간장 2T, 식초 1T, 물 1T

1 쪽파는 3cm 길이로 자르고, 당근과 양파는 채 썰고, 청양고추는 송송 썬다.
2 오징어 다리는 작게 다지고, 몸통은 반으로 가른 후 얇게 썬다.
3 새우가 크다면 반으로 가르고, 조갯살은 씻어서 물기를 뺀다.
4 부침가루와 물, 얼음을 섞어 반죽하고 1과 오징어 다리, 맛술과 소금을 넣고 버무린다.
5 달군 팬에 기름을 넉넉히 두르고 반죽을 넓게 펼친 다음 오징어 몸통, 새우, 조갯살을 골고루 토핑하고 중강불에 앞뒤로 노릇하게 부친다.
  ⊕ 반죽 위에 해물을 토핑한 후 접착이 잘되도록 반죽을 군데군데 덧바른다. 조갯살 대신 꼬막, 굴, 바지락, 홍합 등 제철 해산물을 넣어도 좋다.
6 해물이 위로 오도록 접시에 담고 초간장을 곁들인다.

바삭한 부침개 만들기
1. 반죽을 떠봤을 때 요거트처럼 쪼르륵 흘러내릴 정도로 약간 묽은 것이 좋다.
2. 반죽에 얼음을 섞으면 튀김 열과의 온도 차이로 더욱 바삭하다.
3. 날가루가 보이지 않을 정도로만 가볍게 젓는다.
4. 낮은 온도에서 여러 번 뒤집으면 반죽이 기름을 먹어 눅눅해지고 느끼할 수 있으니 중불 이상의 센 불에 기름을 넉넉히 부어 튀기듯 부치며, 뒤집는 횟수는 최소한으로 한다.

돼지고기와 두부, 김치의
환상 조합

김치빈대떡

비 오는 날이면 광장시장에서 줄 서서 먹던 두툼한 빈대떡이 가끔 생각나곤 해요. 녹두 대신 쉽게 구할 수 있는 두부, 돼지고기와 궁합이 좋은 신김치를 듬뿍 넣고 두툼하게 부친 김치빈대떡입니다. 막걸리와 함께 든든한 안주로 준비해보세요.

재료 (2~3인분)
김치 1쪽(200g), 돼지고기 다짐육 150g, 두부 1/2모(100g), 숙주 1줌 (100g), 청양고추 2개, 부침가루 1컵, 물 1/2컵, 맛술 1T, 소금 조금, 후춧가루 조금

양파 초간장
양파 1/4개, 청양고추 1개, 간장 3T, 식초 1T, 설탕 1/2T, 물 1T

1 김치는 국물을 꼭 짠 후 잘게 썰고, 두부는 면보에 감싸 꼭 짜서 물기를 제거한 후 으깬다. 청양고추는 잘게 다지고, 숙주는 숨이 죽을 정도로 살짝 데쳐서 2cm 길이로 자른다.

2 큰 볼에 1과 나머지 재료를 모두 넣고 잘 섞어 되직하게 반죽한다.
  ⊕ 빈대떡이나 동그랑땡처럼 되직한 전에서 반죽의 역할은 바삭함보다는 재료를 한데 뭉치는 것이다.

3 달군 팬에 식용유를 넉넉히 두르고 반죽을 두툼하게 올려 중불에 노릇하게 부친다. 양파 초간장과 함께 낸다.
  ⊕ 센 불에 구우면 겉은 타고 속은 익지 않을 수 있으니 중불에 튀기듯이 굽는다. 속까지 익도록 뒤집개로 꾹꾹 눌러가며 부친다.

감자전에 감도는 핑크빛 기류!

명란감자전

맛있는 제철 감자만 있다면 누구나 손쉽게 맛있는 감자전을 만들 수 있어요. 강판에 간 감자에 궁합이 좋은 명란젓을 넣어 감칠맛이 배가된 명란감자전. 비 오는 날 꼭 만들어 먹어야 할 안주입니다.

재료 (2~3인분)
감자 중간 크기 5개(600g), 저염 명란젓 1개(40g), 홍·청고추 각 1/2개, 맛술 1t, 소금 조금, 후춧가루 조금

1 감자는 껍질을 벗겨 강판에 갈고 체에 받친다. 건더기는 따로 담고 전분물은 버리지 않고 그대로 둔다.
　⊕ 감자는 조금 힘이 들더라도 강판에 갈아야 식감이 좋다.

2 명란은 껍질을 벗기고 칼등으로 속을 긁어낸 뒤 맛술을 뿌려 버무린다.

3 홍·청고추는 동그랗게 송송 썬다.

4 감자물의 전분이 가라앉으면 맑은 물은 따라 버리고 전분만 감자 건더기, 명란과 고루 섞는다.
　⊕ 명란 자체에 짠맛이 있으니 소금, 후춧가루를 살짝만 뿌려서 간을 한다.

5 팬에 기름을 넉넉히 두르고 반죽을 떠서 올리고 고추를 얹어 노릇하게 부친다.
　⊕ 감자전은 너무 크지 않아야 가운데까지 바삭하게 부칠 수 있다.

좋은 명란 선택하기
알주머니가 얇고 투명하며 탱글탱글한 것이 잘 숙성된 명란이다. 붉은색보다는 분홍빛이 좋다. 시판 제품은 합성 첨가물이 적은 것을 고른다.

비가 오면 매콤하게

두루치기두부김치

투박하지만 마음 따스해지는 엄마의 집밥 같은 음식! 들기름에 달달 볶은 고기와 김치를 따뜻한 손두부에 올려 먹으면 허전했던 속이 든든하게 채워지는 기분이에요.

재료 (2~3인분)
두부 1/2모, 돼지고기 앞다리살 150g, 신김치 1/2쪽, 양파 1/2개, 청양고추 1개, 대파 1/3대

양념장
고춧가루 1T, 다진 마늘 1T, 간장 1T, 설탕 1/2T, 맛술 1T, 들기름 1T, 소금 조금, 후춧가루 조금, 통깨 조금

1. 두부는 끓는 물에 약 2분간 데치고 체에 받쳐 물기를 뺀다.
2. 김치는 한입 크기로 썬다. 양파는 굵게 채 썰고, 청양고추와 대파는 어슷썰기를 한다.
3. 달군 팬에 돼지고기를 올리고 소금, 후춧가루를 뿌려 살짝 볶는다. 고기 색이 변하면 팬의 가장자리에 간장을 두르고 살짝 태워 불맛을 내고, 고춧가루, 다진 마늘, 설탕, 맛술을 추가해 양념이 잘 배도록 볶는다.
   ⊕ 돼지고기는 삼겹살, 목살, 앞다리살 등 어떤 것이라도 좋다.
4. 고기가 반쯤 익으면 김치와 설탕을 넣고 들기름을 둘러 함께 볶는다. 양파와 대파, 청양고추를 넣고 약 1분간 더 볶아 숨이 죽으면 불을 끄고 통깨를 솔솔 뿌린다. 데친 두부와 돼지고기김치두루치기를 곁들여 낸다.

알고 보면 다이어트식

도토리묵무침

도토리묵은 수분 함량이 많아 포만감을 주면서 칼로리는 낮은 최고의 다이어트 식품이에요. 특유의 쌉쌀한 맛이 매력적인 도토리묵에 갖은 채소와 양념장을 더해 무치면 막걸리와 좋은 궁합을 자랑하는 안주이고요. 묵직한 한식 상차림에 샐러드처럼 곁들여도 좋은 메뉴랍니다.

재료 (2인분)
도토리묵 1모(300g), 쑥갓 1줌(50g, 깻잎, 치커리, 상추 등으로 대체 가능), 당근 1/4개, 오이 1/2개, 양파 1/4개, 적양배추 1/2장, 고추 1개

양념장
간장 3T, 고춧가루 1T, 설탕 1t, 다진 마늘 1t, 매실청 1/2T, 참기름 1t, 통깨 1t

1 도토리묵은 적당한 크기로 자른다.
2 오이, 당근은 반으로 잘라 어슷썰기를 하고, 양파와 적양배추는 얇게 채 썰고, 쑥갓은 3등분으로 자른다. 고추도 어슷썰기를 한다.
3 분량의 재료를 모두 섞어 양념장을 만든다.
　⊕ 매실청이 없다면 설탕을 조금 더 추가한다.
4 넓은 볼에 채소와 도토리묵을 담고, 양념장을 고루 끼얹어 가볍게 버무린다.
　⊕ 도토리묵은 부서지기 쉬우니 양념이 묻을 정도로 한두 번만 뒤적인다.

이 세상 조합이 아니야

문어삼합

바다의 문어와 육지의 돼지고기가 만나면? 조금은 별난 조합인 듯하지만 2가지 맛을 조화롭게 이어주는 묵은지와 함께라면 근사한 일품요리가 됩니다. 돼지고기는 저수분 수육으로 만들어봅니다. 물 없이 수육을 만드는 방법으로 주물냄비를 사용하는 것이 좋아요.

재료 (2~3인분)
삼겹살 600g, 자숙 문어 다리 2개, 묵은지 1쪽, 고추 2개, 마늘 5개

저수분 수육
사과 1개, 양파 1개, 대파 1/2대, 마늘 5개, 월계수잎 3~4장, 통후추 조금, 청주 1/2컵

마늘 기름장
참기름, 다진 마늘 1t, 소금 1/2t, 후춧가루 조금

새우젓 소스
새우젓 1T, 물 1T, 고춧가루 1t, 다진 고추 1t, 통깨 1t

1. 양파, 사과, 대파는 적당한 크기로 썬다.
2. 주물냄비에 양파, 사과를 깔고 삼겹살을 올린 뒤 나머지 저수분 수육 재료를 넣어 뚜껑을 덮고 중불에 약 40분간 삶는다.
   ⊕ 주물냄비는 바닥과 벽이 두껍고 소재 특성상 열전도율이 높고 열을 고루 분산하며 오랫동안 유지되기 때문에 적은 수분으로 재료를 천천히 익히는 요리에 적합하다.
3. 자숙 문어 다리는 너무 두껍지 않게 어슷썰기를 한다. 묵은지는 물에 흔들어 씻은 후 물기를 꼭 짜고 크기에 따라 2~3등분한다. 저수분 수육을 적당한 두께로 썬다.
   ⊕ 생물 문어는 한 마리를 통으로 구입해야 하고 가정에서 손질하고 삶기 번거로우니 바로 요리할 수 있는 자숙 문어 다리를 사용하면 좋다.
4. 수육과 씻은 묵은지, 문어, 어슷 썬 고추, 편 썬 마늘을 접시에 담고 마늘 기름장, 새우젓 소스를 곁들여 낸다.

콩나물과 삼겹살의
환상적인 만남!

콩불

콩나물이 타닥타닥 익어가는 소리가 마치 빗소리를 떠올리게 하는 추억의 음식. 아삭한 식감의 콩나물과 고소한 삼겹살, 두 주인공이 매콤 달콤한 양념과 만나면 매력적인 감칠맛을 냅니다. 마지막에 잊지 말고 밥도 볶아주세요. 아쉬움 없는 한 끼, 최고의 술안주가 된답니다.

재료 (2~3인분)
냉동 대패 삼겹살 300g, 콩나물 300g, 파채 1줌, 팽이버섯 1/2개, 비엔나 소시지, 떡볶이떡 취향껏, 통깨 조금

양념장
고춧가루 2T, 고추장 1T, 간장 2T, 다진 마늘 1T, 맛술 2T, 설탕 2T, 생강가루 조금, 후춧가루 넉넉히

1 분량의 재료를 모두 섞어 양념장을 만든다.
2 콩나물은 깨끗이 씻고 떡볶이떡은 찬물에 씻어 물기를 빼둔다.
3 팽이버섯은 밑동을 잘라내고 적당한 굵기로 찢는다.
4 오목한 팬에 콩나물을 수북이 담고, 나머지 재료를 차례로 쌓아 올린 후 양념장을 붓는다. 센 불에 팬을 올려 콩나물에서 수분이 나오고 채소의 숨이 죽기 시작하면 양념이 골고루 섞이도록 뒤적여 삼겹살이 익을 때까지 볶는다.
   ✚ 콩불을 다 먹고 남은 양념에 밥, 다진 쪽파, 김가루, 통깨, 참기름을 넣고 볶아 먹으면 맛있다.

노포 감성의 포차 안주

통오징어숙회

늦은 밤, 비는 내리고 부담 없는 안주에 술 한잔이 생각난다면 저칼로리 고단백 오징어를 부드럽게 찐 오징어 숙회를 추천합니다. 포차 느낌의 근사한 안주를 간단하게 만들 수 있어요.

재료 (2~3인분)
오징어 2마리, 양파 1/2개, 쪽파 10대, 소금 1꼬집, 맛술 1큰술, 통깨 조금

초고추장
청양고추 1개, 마늘 2개, 고추장 2T, 식초 1T, 설탕 1T, 매실청 1T, 다진 마늘 1/2T, 통깨 적당량, 와사비(선택)

1. 오징어를 손질한다. (22쪽)
2. 초고추장에 넣을 마늘과 청양고추는 굵게 다지고, 양파는 얇게 채 썰어 차가운 물에 담가 매운맛을 뺀다. 분량의 재료를 섞어 초고추장을 만든다.
   ⊕ 시판 초고추장을 사용해도 된다.
3. 쪽파는 끓는 물에 소금 1꼬집을 넣고 뿌리부터 넣어 약 30초간 데쳐서 찬물에 헹군 뒤 돌돌 말아 쪽파 강회를 만든다.
4. 냄비에 물을 붓고 팔팔 끓으면 소금 1꼬집, 맛술 2큰술을 넣고 손질한 오징어를 넣는다. 몸통이 탱글하게 부풀어 오를 때까지 약 2분 정도 데친 후 찬물에 씻어 물기를 뺀다.

5 데친 오징어를 토치 불로 쏘거나 직화로 겉면을 한 번 더 구우면 감칠맛이 더욱 올라간다.

6 오징어 몸통은 먹기 좋은 두께로 썰고, 다리는 크기에 따라 1~2개씩 자른다. 길이가 긴 것은 반으로 자른다.

7 접시에 채 썬 양파를 깔고 오징어와 쪽파 강회, 초고추장을 곁들여 낸다.

⊕ 기호에 따라 초고추장에 와사비를 섞어도 좋다.

좋은 오징어 고르기
전체적으로 유백색을 띠며 투명하고 윤기 나는 것이 좋다. 갈색 얼룩이 진하고 눌렀을 때 촉감이 탱탱하고 단단한 것이 신선하다.

깔끔 시원한 국물

동죽조개탕

서해안과 남해안 갯벌에서 서식하는 동죽은 국물맛이 시원해 주로 조개탕이나 칼국수에 많이 넣어요. 뽀얗게 우러난 동죽 국물에 면을 넣으면 든든한 한 끼로 좋고, 청양고추를 넣으면 매콤하니 반주를 곁들이기 좋아요.

재료 (2인분)
동죽 600g, 물 1ℓ, 청양고추 1개, 홍고추 1개, 마늘 3개, 부추 1줌, 청주(또는 소주) 1T, 소금 조금

해감
물 1ℓ, 소금 2T

1 물과 소금을 섞은 물에 동죽을 넣고 검은 천 또는 비닐을 씌워 냉장고에 두고 반나절 이상 해감한다.
   ⊕ 조개 해감하기(25쪽)

2 해감한 동죽을 서로 비벼가며 씻은 뒤 흐르는 물에 깨끗이 헹구고 체에 받쳐 물기를 뺀다.

3 마늘은 편을 썰고, 부추는 3cm 길이로 자르고, 청양고추와 홍고추는 송송 썬다.
   ⊕ 다진 마늘을 넣어도 되지만 편으로 썰면 국물이 좀 더 깔끔하다.

4 물이 끓으면 동죽과 마늘을 함께 넣어 끓인다. 잡내를 제거하기 위해 청주(소주)를 1T 넣는다. 떠오르는 거품은 걷어낸다.

5 동죽이 반쯤 입을 벌리면 소금으로 간을 하고 청양고추와 홍고추를 넣어 한소끔 더 끓인다. 불을 끄고 부추를 넣는다.

골라 먹는 재미가 풍성!

부대전골

소시지와 햄, 두부, 떡국떡과 라면 사리까지 푸짐하게 넣어 술안주로 즐기기에 그만이에요. 재료들을 냄비에 푸짐하게 담아 즉석에서 보글보글 끓여가며 건져 먹는 것이 부대찌개를 제대로 즐기는 방법이죠. 걸쭉하고 진한 국물까지 놓치고 싶지 않아요.

재료 (2~3인분)
스팸 50g, 햄 60g, 베이컨 2장, 프랑크 소시지 60g, 간 소고기 40g, 대파 1/2대, 양파 1/4개, 콩나물 1줌, 청양고추 1개, 두부 1/3모, 느타리버섯 적당량, 떡국떡 1/2컵, 김치 1/2컵, 베이크드 빈스 2T, 치즈 1장, 라면 사리 1개(선택), 다시마 육수 600ml

양념장
고추장 1T, 고춧가루 2T, 다진 마늘 1T, 간장 1T, 국간장 1T, 맛술 1T, 후춧가루 넉넉히

1. 햄과 소시지, 스팸, 베이컨은 먹기 좋은 크기로 자른다.
   ✚ 햄의 종류와 양은 취향에 따라 가감한다.
2. 대파, 양파는 채 썰고, 청양고추는 어슷썰기를 한다. 느타리버섯은 찢고, 김치와 두부도 적당한 크기로 자른다.
3. 간 소고기는 소금, 후춧가루, 맛술로 밑간을 한다.
4. 분량의 재료를 섞어 양념장을 만든다.
   ✚ 양념장은 한 번에 모두 넣지 말고, 처음에 절반 정도만 넣고 준비한 재료의 양에 따라 간을 보면서 추가한다. 끓으면 햄에서 짠맛이 우러나오니 어느 정도 끓인 후 간을 보고 양념장을 조절한다.
5. 냄비 가운데 콩나물을 깔고 나머지 재료를 올린 후 육수를 붓는다. 끓기 시작하면 라면 사리와 치즈를 넣고 면이 어느 정도 익으면 불을 약하게 줄여 건져 먹는다.
   ✚ 육수는 넉넉히 준비해두고 국물이 졸아들면 추가한다. 특히 면을 넣을 거라면 국물이 졸아드는 것을 감안해 2배 이상 준비한다. 깔끔한 맛을 원한다면 다시마 육수, 걸쭉한 국물을 원한다면 쌀뜨물, 진한 국물을 원하면 사골 육수를 사용한다.

엄마의 손맛

손만두전골

각종 재료로 소를 만들어 넣은 손만두와 여러 가지 버섯, 채소를 넣어 시원하고 얼큰한 만두전골은 비가 오면 생각나는 음식입니다.

재료 (2~3인분)
손만두 6개, 배추 3장, 양파 1/2개, 느타리버섯 50g, 표고버섯 2개, 팽이버섯 40g, 새송이버섯 1개, 대파 1/2대, 홍고추 1개, 청경채 2대, 멸치 다시마 육수 4컵

양념장
고춧가루 2T, 국간장 1T, 참치액젓 1T, 다진 마늘 1T, 후춧가루 조금

손만두(30개 분량)
만두피 30장, 신김치 1/4쪽, 대파 1/2대, 돼지고기 다짐육 300g, 두부 1/2모, 삶은 당면 200g, 다진 마늘 1T, 맛술 1T, 간장 1T, 참기름 2T, 후춧가루 조금

1 국물을 꼭 짠 신김치와 대파, 삶은 당면은 잘게 다지고, 두부는 면보에 싸서 물기를 꼭 짠 뒤 으깬다.

2 큰 볼에 1과 돼지고기, 나머지 손만두 재료를 모두 넣고 섞어 만두소를 만든다.

3 만두피 가장자리에 물을 살짝 바르고 소를 듬뿍 넣어 반으로 접고 둥글게 말아 만두를 빚는다.

4 찜통에 물이 끓으면 만두를 넣고 약 15분간 찐다.

5 느타리버섯과 팽이버섯은 먹기 좋게 찢고, 새송이버섯과 양파는 굵게 채 썰고, 홍고추와 대파는 어슷 썰고, 청경채와 배추도 적당한 크기로 썬다.

6 분량의 재료를 모두 섞어 양념장을 만든다.
  ⊕ 버섯과 채소의 종류와 양은 기호에 따라 가감한다.

7 전골냄비에 양파를 깔고, 만두와 버섯, 채소를 가지런히 담고 양념장과 육수를 부어 끓여가면서 먹는다.
  ⊕ 양념장은 처음부터 모두 넣지 않고 채소와 육수의 양에 따라 간을 보면서 추가한다. 부족한 간은 소금으로 한다.

닭고기와 대파 꼬치구이

야키도리

일본 여행 중에 골목의 작은 가게에 앉아 먹었던 야키도리와 생맥주가 너무 맛있었던 기억이 납니다. 데리야키 소스를 바른 닭고기와 대파 꼬치구이로 집에서도 이자카야 분위기를 내볼 수 있답니다.

재료 (2~3인분)
닭다리살 300g, 대파 3대, 소금 조금, 후춧가루 조금

데리야키 소스
간장 1/2컵, 맛술 1/2컵, 청주 1/2컵, 설탕 1/2컵, 양파 1/4개, 마늘 2개, 대파(흰 부분) 1/4개, 생강 큰 것 1쪽

1 먼저 데리야키 소스를 만든다. 양파, 대파는 굵게 썰고 마늘, 생강은 편을 썬다. 분량의 재료를 모두 냄비에 넣고 약불에 절반 정도로 줄어들 때까지 졸인다.
2 달군 팬에 닭다리살을 올리고 소금, 후춧가루를 뿌려가며 앞뒤로 살짝 굽는다.
3 구운 닭다리살과 대파는 한입 크기로 자른다.
4 닭다리살, 대파를 차례로 꼬치에 끼운다.

5   그릴 또는 프라이팬에 붓으로 데리야키 소스를 발라가며 앞뒤로 굽는다. 약간 그슬린다 싶은 정도가 좋다.
    ● 이때 소스가 타지 않도록 약불을 유지한다.

6   완성된 닭꼬치구이를 접시에 담고 데리야키 소스를 듬뿍 바른다. 시치미를 곁들여도 좋다.

시치미 알아보기
고춧가루를 베이스로 7가지 이상의 향신료를 배합해 만든 조미료이다. 우동이나 라멘, 덮밥류, 카레 등에 뿌려 포인트를 주는 재료이다. 일본 야키도리 전문점에서는 시치미를 함께 내는데 달콤 짭쪼름한 닭꼬치에 잘 어울린다.

바다향 가득

굴튀김

각종 영양소가 풍부해 바다의 보석이라 불리는 굴. 통통한 제철 굴을 바삭하게 튀겨 상큼한 타르타르 소스에 찍어 한입 베어 물면 입안 가득 바다향이 퍼집니다. 영양 만점 겨울철 별미 굴튀김과 상큼한 레몬 소스를 곁들이면 고급스러운 안주가 됩니다.

재료 (2인분)
생굴 200g(약 10개), 밀가루 1/2컵, 빵가루 1컵, 달걀 1개, 파슬리 가루 1t, 레몬 1/2개

레몬마요 소스
마요네즈 4T, 꿀 1T, 레몬즙 1T, 소금 조금, 후춧가루 조금

1 굴은 소금물에 살살 흔들어 씻은 후 체에 받쳐 물기를 뺀다.
2 씻은 굴은 밀가루, 달걀, 빵가루 순서로 튀김옷을 입힌다.
　⊕ 빵가루에 파슬리 가루를 섞으면 색이 더욱 예쁘다.
3 튀김 냄비에 기름을 넉넉히 붓고 180도에 노릇하게 튀긴다.
　⊕ 튀김 온도 알아보기(95쪽)
4 굴튀김과 레몬마요 소스를 함께 낸다.
　⊕ 레몬마요 소스에 레몬 제스트를 넣으면 더욱 상큼하다.

좋은 굴 고르기
살이 반투명하고 윤기 나는 것이 좋으며, 둥그스름하고 통통하게 부풀어 유백색을 띠는 것이 싱싱하다. 튀김용으로는 크고 통통한 봉지 굴이 좋다.

추억의 그 시절

옛날왕돈가스

두툼한 돼지고기에 빵가루를 묻혀 튀기고 달콤한 소스를 부어 먹는 옛날왕돈가스. 바삭한 돈가스를 큼직하게 썰어 입안 가득 넣으면 너무나 행복했던 추억이 있어요. 시원한 맥주에 곁들이기 좋아요.

재료 (2인분)
돼지고기 안심 400g, 밀가루 1컵, 달걀 2개, 빵가루 2컵, 양배추 3장, 당근 1/6개, 소금 조금, 후춧가루 조금, 파슬리 가루 조금

돈가스 소스
밀가루 1T, 버터 30g, 우스터 소스 2T, 케첩 2T, 설탕 1T, 물 1컵

샐러드 드레싱
마요네즈 1 : 케첩 1, 설탕 조금

1 양배추와 당근은 최대한 얇게 채 썰어 얼음물에 담갔다 체에 받쳐 물기를 뺀다.
2 돼지고기는 고기 망치나 칼등으로 두드려 저미고 소금, 후춧가루로 밑간을 한다.
3 약불에 버터를 녹이다가 밀가루를 넣고 저어 걸쭉하게 만든다. 나머지 소스 재료들을 넣고 중불에 저어가며 뭉근하게 끓인다.
4 밑간한 돼지고기는 밀가루, 달걀물, 빵가루 순서로 튀김옷을 입힌다.
  ◈ 습식 빵가루를 이용하거나 빵가루에 분무기로 물기를 입혀주면 밀착이 더 잘된다.
5 170도로 달군 기름에 갈색이 될 때까지 튀긴다.
6 접시에 양배추와 돈가스를 담고, 소스를 붓는다.

튀김 온도 알아보기
온도가 너무 높으면 속은 익지 않고 겉만 타버리니 170도에서 충분히 익힌다. 일본 돈가스처럼 두툼한 돈가스는 160도에서 10분 이상 익히기도 한다. 익는 시간이 더 필요한 치킨은 170도에서 충분히 튀긴 후 180도에서 한 번 더 튀긴다. 수분이 많은 굴은 고온에서 빠르게 튀겨야 식감이 좋다. 바삭하게 튀기려면 180도가 적당하다.

부산의 명물

낙곱새

낙곱새는 부산에 가면 잊지 않고 찾는 단골 음식 중에 하나예요. 조금 생소한 조합이지만 낙지와 새우, 곱창까지 골라 먹는 재미는 물론, 얼큰한 국물에 밥까지 비벼 먹으면 자꾸 당기는 맛에 무릎을 탁! 치게 될 거예요. 부산의 명물 낙곱새, 이제 집에서 만들어보세요.

재료 (2~3인분)
낙지 200g, 칵테일 새우 100g, 손질된 곱창 150g, 애호박 1/2개, 양파 1/2개, 양배추 1/6통, 대파 1/2대, 당면 1줌, 멸치 다시마 육수 2컵

양념장
고춧가루 2T, 고추장 1T, 다진 마늘 1T, 국간장 1T, 맛술 1.5T, 물엿 1T, 참치액젓 1/2T, 생강가루 조금, 후춧가루 조금

1 당면은 미지근한 물에 30분 이상 불린다.
2 멸치 다시마 육수를 만든다. (199쪽)
3 분량의 재료를 모두 섞어 양념장을 만든다.
4 낙지는 밀가루를 묻혀 깨끗이 닦아서 씻은 후 먹기 좋은 크기로 자른다.
   ⊕ 손질된 낙지를 사면 편리하다.

5 양파, 애호박, 양배추는 사방 2cm 크기로 깍둑썰기, 대파는 송송 썬다.

6 전골팬에 5의 채소들을 펼쳐놓고 낙지, 새우, 곱창을 올린 후 마지막에 불린 당면을 얹는다.

7 양념장을 고루 끼얹고 육수를 자작하게 부어 끓인다.
　⊕ 양념장을 한 번에 모두 넣지 않고, 2/3만 넣은 뒤 육수의 양에 따라 간을 보면서 추가한다.

진득한 국물의 힐링 푸드

차돌고추장찌개

으슬으슬 쌀쌀한 날씨에 생각나는 얼큰 칼칼한 고추장찌개. 고소한 차돌박이와 채소가 푹 끓어 진득한 국물에 밥을 쓱쓱 비벼 먹는 맛도 일품이지만, 애주가라면 반주 한잔이 생각나지 않을 수 없는 훌륭한 술안주랍니다.

재료 (2~3인분)
차돌박이 200g, 감자 2개, 양파 1/2개, 애호박 1/2개, 표고버섯 2개, 홍고추 1개, 청양고추 1개, 대파 1/2대, 두부 1/2모, 멸치 다시마 육수 4컵, 고추장 2T, 고춧가루 1T, 된장 1/2T, 다진 마늘 1T, 국간장 1T, 후춧가루 넉넉히

1. 감자와 애호박, 양파, 표고버섯은 큼직하게 썰고, 홍고추, 청양고추, 대파는 송송 썬다.
2. 달군 냄비에 차돌박이를 앞뒤로 구워 기름이 나오기 시작하면 고춧가루와 다진 마늘, 후춧가루를 넣고 달달 볶는다.
   ⊕ 불이 너무 세면 탈 수 있으니 중불을 유지한다.
3. 고기가 어느 정도 익으면 육수를 붓고, 끓어오르면 거품을 걷어내고 고추장과 된장을 풀어 넣는다.
4. 감자-양파-애호박-표고버섯-두부 순으로 넣어가며 국물이 자작해질 때까지 끓인다.
5. 국간장으로 간을 한 뒤 대파, 홍고추, 청양고추를 넣고 한소끔 더 끓인다.

drink
&
dish

생각대로 일이 풀리지 않아 머릿속이 답답할 때,
복잡하게 꼬인 업무에 스트레스를 받을 때,
내 마음을 몰라주는 친구나 연인에게 화가 날 때 꼭 필요한 극약처방!
헛바닥이 얼얼하고 머리가 띵해지는 매운 음식이 필요한 순간입니다.
나를 괴롭히는 복잡한 고민과 생각들이 없어지면서 이 순간만큼은
모든 시름을 덜어낼 수 있을 거예요.
화끈하고 매콤한 술안주로 스트레스를 날려보세요.

Part 3

스트레스가 많은 날
화끈한 술안주

제철 미식 한 접시

꼬막무침

피로 회복과 간 해독에 좋은 타우린이 풍부하며 철분과 각종 무기질이 다량 함유된 꼬막은 칼바람이 불기 시작하는 겨울철 가장 먼저 생각나는 조개예요. 감칠맛 넘치는 제철 꼬막에 매콤한 양념장을 듬뿍 올리고 소면까지 비비면 든든하고 완벽한 술안주가 된답니다.

재료 (2인분)
꼬막 1kg, 쪽파 30g, 청주(또는 소주) 1/2컵, 간장 1T, 소면 취향껏, 참기름 조금

해감용
물 6컵, 소금 2T

양념장
청·홍고추 각 1개, 간장 4T, 고춧가루 1.5T, 설탕 1/2T, 매실청 1T, 다진 마늘 1T, 참기름 1T, 통깨 1T

1 꼬막이 충분히 잠길 정도의 물에 소금을 녹이고 꼬막을 넣어 검은 천이나 비닐을 씌워 1시간 이상 해감한다.
　＋ 조개 해감하기(25쪽)

2 해감한 꼬막을 손으로 바락바락 비벼가며 맑은 물이 나올 때까지 여러 번 씻고 체에 받쳐 물기를 뺀다.

3 냄비에 꼬막이 잠길 정도로 물을 붓고 끓기 시작하면 꼬막과 청주, 간장 1T을 넣고 한쪽 방향으로 저어가며 끓인다. 꼬막이 입을 벌리기 시작하면 불을 끄고 체반에 건져 한 김 식힌다. 꼬막 삶은 물은 버리지 않고 둔다.
　＋ 간장이 꼬막의 비린내를 잡아주고 타우린 성분이 빠져나가는 것을 방지한다. 꼬막이 질겨질 수 있으니 입을 벌리면 바로 불을 끈다. 꼬막을 한 방향으로 저으면 살이 한쪽으로만 붙어 껍데기를 떼어내기 수월하다.

4 청·홍고추를 다지고 분량의 재료를 섞어 양념장을 만든다.

5 　숟가락으로 꼬막을 비틀어 한쪽 껍데기를 떼어낸다.
6 　소면을 삶아 찬물에 씻은 후 체에 받쳐 물기를 빼고 참기름을 살짝 둘러 버무린다.
7 　꼬막과 소면을 접시에 담고 양념장을 듬뿍 올린 후 송송 썬 쪽파를 뿌린다.

포장마차 대표 안주

마늘닭똥집볶음

닭의 모래주머니를 '닭똥집'이라고도 하는데 사실은 위와 이어진 근위를 말합니다. 지방이 거의 없고 단백질만으로 이루어져 맛도 담백하며 쫄깃한 식감과 독특한 향미가 있습니다. 통마늘과 청양고추의 매콤한 맛 때문에 소주 한잔이 생각나는 날 가장 먼저 소환하고 싶은 술안주예요.

재료 (2인분)
닭똥집(근위) 300g, 마늘 15개, 홍고추 1개, 청양고추 1개, 참기름 1/2T, 통깨 조금, 소금 조금, 후춧가루 조금, 밀가루 2T, 소주(또는 청주) 2T

기름장
참기름 2T, 다진 마늘 1T, 소금 1t, 후춧가루 조금

1 닭똥집은 하얀 막을 제거한 후 밀가루를 뿌려 바락바락 주무른 뒤 물에 깨끗이 씻는다.
2 끓는 물에 소주를 넣고 닭똥집을 약 5분간 데쳐 누린내를 제거한다.
3 데친 닭똥집을 먹기 좋은 크기로 자른다. 통마늘은 꼭지를 제거하고, 홍고추와 청양고추는 어슷썰기를 한다.
4 팬에 기름을 두르고 약불에 통마늘을 볶다가 노릇해지면 센 불로 올려 닭똥집을 넣고 소금, 후춧가루로 간을 해서 3분간 볶는다.
5 홍고추와 청양고추를 넣고 1분간 더 볶다가 참기름을 둘러 섞은 뒤 불을 끄고 통깨를 뿌린다. 분량의 재료를 섞어 마늘 기름장을 만들어 함께 낸다.

뜨거운 유혹

빨간오뎅

포장마차 앞을 지나갈 때 후후 불어가며 먹는 오뎅 꼬치의 유혹을 그냥 지나치기 힘들죠. 빨간 양념이 쏙 밴 얼큰하고 칼칼한 오뎅과 술 한잔이 스트레스로 지친 몸과 마음을 따뜻하게 위로해줄 거예요.

재료 (2인분)
사각어묵 8장, 가래떡 4개, 쪽파 조금, 멸치 다시마 육수 3컵, 삶은 달걀 2개(선택), 나무꼬치 8개

양념장
고추장 1T, 고춧가루 2T, 간장 2T, 올리고당 1T, 다진 마늘 1/2T

1 분량의 재료를 섞어 양념장을 만든다.

2 오뎅은 반으로 접어 모양을 잡아가며 꼬치에 끼우고 가래떡도 꼬치에 끼운다.

3 육수가 끓으면 양념장 2/3를 풀고 오뎅과 가래떡 꼬치를 넣는다. 양념장이 끓어오르면 꼬치를 앞뒤로 뒤집어 남은 양념장을 덧발라가며 끓인다.
   ⊕ 국물을 끼얹으면서 끓이면 양념이 고루 잘 밴다.

4 오뎅과 떡에 양념이 배고 국물이 반으로 졸아들면 불을 끄고, 송송 썬 쪽파를 뿌린다.
   ⊕ 기호에 따라 삶은 달걀을 곁들여도 좋다.

깊은 감칠맛의 손두부 조림

오징어두부두루치기

두루치기는 육류나 해산물을 달달 볶다가 물을 부어 자작하게 끓이는 음식이에요. 두루치기의 고장으로 불리는 대전에서는 오징어와 두부로 만든 칼칼한 오징어두부두루치기가 유명해요. 그 맛을 상상하며 만들었어요. 얼큰한 국물에 칼국수 사리를 비벼 먹어도 좋아요.

재료 (2~3인분)
두부 1모, 오징어(큰 것) 1마리, 양파 1개, 대파 1/2대, 청양고추 2개, 멸치 다시마 육수 2컵, 참기름 1T, 통깨 조금

양념장
고춧가루 2T, 간장 2T, 고추장 1T, 다진 마늘 2T, 올리고당 1T, 맛술 2T, 참치액젓 1T, 후춧가루 조금

1 찬물에 멸치 다시팩을 넣고 끓여 육수를 준비한다.

2 내장을 빼내 손질한 오징어는 몸통을 반으로 갈라 안쪽에 칼집을 낸 뒤 큼직하게 자르고, 다리는 반으로 자른다.
　⊕ 오징어 손질하기(22쪽)

3 두부는 두툼하게 썰고, 양파는 굵게 채 썬다. 대파와 청양고추는 어슷썰기를 한다.

4 분량의 재료를 모두 섞어 양념장을 만들고 오징어를 넣고 버무린다.

5   넓은 팬에 기름을 두르고 두부를 앞뒤로 노릇하게 부친다.
6   두부 위에 채 썬 양파를 넓게 펼치고, 양념장에 버무린 오징어를 올린 뒤 육수를 붓고, 중불에서 국물을 끼얹어가며 끓인다.
7   오징어가 익으면 대파와 청양고추를 올려 한소끔 더 끓인 뒤 불을 끈다. 참기름을 두르고 통깨를 솔솔 뿌린다.

매운 음식의 단짝

폭탄달걀찜

부드럽고 촉촉한 달걀이 얼얼한 입안을 달래주어 매운 음식에 빠질 수 없는 단짝 친구이기도 하지만, 단독으로도 존재감 넘치는 훌륭한 술안주가 되기도 해요. 불 조절과 약간의 팁을 활용하면 식당처럼 근사한 비주얼의 폭탄달걀찜을 만들 수 있어요.

재료 (2인분)
달걀 5개, 다시마(가로세로 각 6cm) 1장, 대파 1/4대, 당근 30g, 참기름 1T, 소금 1/2t, 새우젓 1t, 맛술 1T

1 대파는 송송 썰고, 당근은 잘게 다진다.

2 볼에 달걀을 푼다.

3 뚝배기에 물을 붓고 다시마를 넣어 팔팔 끓으면 대파, 당근, 소금, 새우젓, 맛술을 넣고 센 불에 끓인다.
   ⊕ 대파는 고명으로 올릴 분량을 다진다.

4 물이 끓어오르면 참기름을 넣고 달걀물을 부은 후 중약불에 달걀이 잘 섞이도록 젓는다.
   ⊕ 달걀물은 뚝배기의 80%를 넘지 않아야 끓었을 때 넘치지 않는다. 달걀이 몽글몽글해질 때까지 약 20초 간격으로 바닥까지 숟가락으로 저으며 끓인다.

5 국물이 거의 없어지고 달걀이 부풀어 오르면 오목한 그릇을 덮고 불을 최대한 낮춰 3분간 뜸을 들인다. 불을 끄고 다진 파와 통깨를 솔솔 뿌린다.

알찬 하루를 보낸
나에게 주는 선물

치킨가라아게

가라아게는 튀김이란 뜻으로 순살을 간장 양념에 버무려 튀기는 것이에요. 일반 치킨은 밀가루 베이스의 치킨 파우더를 사용하는 반면 치킨 가라아게는 감자 전분을 입히죠. 갓 튀긴 치킨에 시원한 얼음 맥주 한 잔을 곁들이면 지친 하루를 위로해주는 힐링 푸드가 됩니다.

재료 (2인분)
닭다리살 400g, 샐러드 채소 1줌, 레몬 1/4개, 파슬리 가루 조금, 마요네즈 조금

닭고기 밑간
다진 마늘 1/2T, 맛술 1T, 간장 1T, 생강가루 1t, 후춧가루 조금

반죽
감자 전분 3T, 밀가루 2T, 달걀 1개

1. 닭다리살은 깨끗이 씻어서 키친타월로 물기를 제거한 뒤 먹기 좋은 크기로 자른다.
   - 닭다리살 대신 닭안심, 닭가슴살 등 좋아하는 부위를 사용하면 된다.
2. 손질한 닭고기에 분량의 재료를 버무려 밑간을 하고 냉장고에 두어 30분 이상 숙성한다.
3. 밑간한 닭고기에 반죽 재료를 넣어 버무린다.
4. 170도에서 속까지 익도록 충분히 튀긴 후 180도에서 갈색이 될 때까지 짧게 한 번 더 튀긴다.
   - 튀김 온도 알아보기(57쪽)
5. 튀긴 닭고기와 샐러드 채소, 레몬을 접시에 담고 파슬리 가루를 솔솔 뿌린 후 마요네즈를 곁들여 낸다.
   - 레몬은 먹기 직전에 뿌린다. 취향에 따라 샐러드에 뿌려도 좋다.

황제 떡볶이

차돌박이떡볶이

한국인이라면 누구나 사랑하는 떡볶이에 고급스러운 풍미가 있는 차돌박이를 넣어봤어요. 쫀득하면서도 꼬들꼬들한 식감에 한 번 반하고, 매콤 고소한 맛에 두 번 반하는 맛이에요. 입맛을 자극하는 매콤한 술안주이지만 감칠맛 나는 국물에 밥을 볶아 먹으면 든든한 한 끼로도 손색없어요.

재료 (2인분)
차돌박이 200g, 떡볶이떡 2컵 (300g), 어묵 2장, 대파 1/2대, 양배추 2장, 깻잎 7장, 삶은 달걀 2개

양념장
멸치 다시마 육수 3컵, 고추장 2T, 고운 고춧가루 2T, 간장 1T, 설탕 2T, 올리고당 2T, 카레 가루 1t(생략 가능), 후춧가루 조금

1 떡은 찬물에 씻어서 물기를 빼고, 어묵과 양배추는 한입 크기로 썬다. 대파는 손가락 크기로 잘라 속 기둥을 제거한 뒤 얇게 채 썰고, 깻잎은 돌돌 말아 얇게 채 썬다.

2 차돌박이는 소금, 후춧가루를 뿌려 노릇하게 굽는다.

3 멸치 다시마 육수가 끓으면 양념장 재료와 떡볶이떡을 넣고 양념이 배도록 3~4분간 끓인다. 어묵, 양배추를 넣고 떡이 눌어붙지 않도록 저어가며 국물이 졸아들 때까지 약 5분간 더 끓인다.

4 구운 차돌박이와 파채, 삶은 달걀을 올리고 약불로 줄여 3분간 더 끓인 뒤 깻잎채를 소복이 올린다.

초간단 최고의 술안주

중화풍 바지락볶음

중국식으로 색다르게 볶은 매콤한 바지락 볶음이에요. 어떤 술과도 잘 어울리는 최고의 안주로 손님이 왔을 때 간단히 만드는 요리로 추천합니다.

재료 (1~2인분)
바지락 1kg, 대파 1/3대, 마늘 5개, 생강 1/4쪽, 쥐똥고추 6~7개, 간장 1T, 굴소스 1T, 맛술 2T, 후춧가루 조금, 고수(선택)

해감
물 1ℓ, 소금 1T

1 물에 소금을 녹여 바지락을 넣고 검정 비닐을 씌운 다음 1시간 이상 해감한다.
　⊕ 조개 해감하기(25쪽)
2 끓는 물에 해감한 바지락을 넣고 입을 벌리기 시작하면 바로 불을 끄고 건져낸다.
3 대파와 마늘은 다지고, 생강은 잘게 썬다.
　⊕ 다진 마늘 2T, 다진 생강 1t 정도의 계량이다.
4 팬에 식용유를 넉넉히 두르고 중약불에 마늘, 대파, 생강을 가볍게 볶아 향을 낸 뒤 쥐똥고추를 부숴 넣고 간장을 두른다.
　⊕ 쥐똥고추 알아보기(21쪽)
　⊕ 더욱 매콤한 맛을 원한다면 식용유 대신 고추기름을 사용한다.
5 삶은 바지락과 맛술을 넣고 볶다가 굴소스, 후춧가루를 넣어 30초간 더 볶는다.
6 그릇에 바지락볶음을 담고 취향에 따라 고수를 올린다.

중독성 있는 매운맛!

치즈등갈비

짜증 나고 스트레스가 많은 날 매운 음식이 생각나곤 하죠. 한국 사람이라면 누구나 좋아하는 마늘과 매운 고추의 진하고 깊은 맛이 나는 등갈비찜에 술 한잔을 곁들여 하루의 스트레스를 잠시 잊어보세요. 부드럽게 녹은 치즈에 푹 찍어 먹는 것이 킬링 포인트랍니다.

재료 (2~3인분)
돼지 등갈비 1kg, 물 500ml, 모차렐라 치즈 2컵(400g)

초벌 삶기
대파 1대, 월계수잎 3장, 청주(또는 소주) 2~3T, 통후추 5~6개

양념장
고추장 1.5T, 고춧가루 4T, 설탕 3T, 간장 4T, 맛술 2T, 다진 마늘 1T, 다진 생강 1t, 후춧가루 넉넉히

1 돼지 등갈비를 찬물에 1시간 정도 담가 핏물을 뺀 후 깨끗이 씻는다.

2 냄비에 등갈비를 넣고 잠길 정도로 물을 부은 다음 초벌 삶기 재료를 넣어 10분간 삶는다. 삶은 등갈비를 깨끗이 씻어 물기를 뺀다.
  ⊕ 등갈비를 한 번 삶으면 잡내가 제거된다.

3 분량의 재료를 섞어 양념장을 만든다.

4 냄비에 초벌로 삶은 등갈비를 넣고 양념장을 끼얹은 뒤 물을 붓는다. 양념이 골고루 배도록 뒤적여가며 중불에 20분간 졸인다.

5 팬에 모차렐라 치즈를 깔고 그 위에 등갈비를 올려 약불에 치즈를 녹인다.
  ⊕ 주물팬은 열 보존율이 높아 먹는 동안 따뜻한 온도를 유지할 수 있다.

화끈한 불맛!

매콤볶음우동

머릿속이 복잡한 날, 팬을 빠르게 돌리며 요리에 집중하다 보면 힘든 생각은 어느새 저 멀리! 불향 가득 매콤한 한 접시로 스트레스는 확 날리고, 반주를 곁들여 허기진 배를 든든하게 채워요. 꼭 정해진 재료가 아니라도 냉장고 속 채소나 좋아하는 재료들로 만들어볼 수 있어요.

재료 (2인분)
우동면 2개, 칵테일 새우 6마리, 주꾸미 3~4마리, 마늘 5개, 대파 1/4대, 양파 1/2개, 숙주 1줌, 양배추 70g, 쥐똥고추 7개(또는 청양고추 2개)

양념장
간장 1T, 굴소스 3T, 설탕 1.5T, 스리라차 핫소스 1T

1 마늘은 편을 썰고, 대파는 4등분한다. 양파와 양배추는 굵게 채 썬다.
2 손질한 주꾸미는 한입 크기로 자른다.
3 분량의 재료를 섞어 양념장을 만든다.
4 끓는 물에 우동면을 젓지 않고 약 1분 30초 삶아 건진다. 익은 우동면이 붙지 않도록 얼음물에 담가 식힌 후 체에 받쳐 물기를 뺀다.

5   오목한 팬에 식용유를 두르고 약불에 마늘과 파를 볶아 향을 낸 뒤
    쥐똥고추를 넣고 1분 더 볶는다.
    ⊕ 쥐똥고추 알아보기(21쪽)

6   센 불로 올려 칵테일 새우와 오징어를 넣고 빠르게 볶다가 양파와
    양배추를 넣고 숨이 죽을 때까지 볶는다.
    ⊕ 해물의 종류는 기호에 따라 가감하면 된다.

7   삶은 우동면과 숙주, 양념장을 모두 넣고 고루 섞이도록 약 1분간
    더 볶는다.

족발의 환골탈태!

냉채족발

톡 쏘는 겨자 때문에 머리는 띵하고 코끝은 찡하지만, 한번 먹어보면 계속 생각나는 중독성 강한 냉채족발! 쫄깃한 해파리와 아삭한 채소가 듬뿍 들어가 식감도 풍성하지만, 한 접시에 가득 담긴 화려한 비주얼은 손님 초대상에서도 주목받을 메뉴입니다.

재료 (2~3인분)
족발 150g, 염장 해파리 350g, 오이 1/2개, 양파 1/4개, 빨강·노랑 파프리카 각 1/3개, 양배추 50g, 무순 30g, 깻잎 10장

소스
겨자 3T, 간장 1T, 설탕 2T, 식초 3T, 다진 마늘 1T, 시판 냉면 육수 1/2컵

단촛물
식초 2T, 설탕 2T, 물 1/2컵

1. 해파리는 물에 담가 염분기를 뺀다. 흐르는 물에 깨끗이 씻고 체에 받쳐 물기를 뺀다.
   - 해파리는 1시간 이상 물에 담가두는데 중간에 한두 번 물을 갈아주면 더 좋다.
2. 물을 팔팔 끓여 해파리를 넣고 30초간 데친다. 바로 건져내 찬물에 헹군 뒤 체에 받쳐 물기를 꼭 짠다.
   - 해파리를 체에 받치고 끓인 물을 부어 헹궈도 된다.
3. 분량의 재료로 만든 단촛물에 데친 해파리를 넣어 냉장고에 두고 30분 이상 재운다.
4. 분량의 소스 재료를 섞고 겨자 덩어리가 생기지 않도록 잘 풀어준 뒤 냉장고에 넣어 차갑게 보관한다.
   - 겨자 양은 기호에 따라 조절한다.
5. 오이는 돌려 깎아서 얇게 채 썰고, 양배추, 파프리카, 깻잎, 양파도 가늘게 채 썬다.
6. 넓은 접시 가장자리에 채소들을 둘러 담고 가운데 족발과 해파리를 보기 좋게 담아 소스와 함께 낸다.

태국식 새우탕

똠얌꿍

태국어로 '똠'은 끓이다, '얌'은 새콤한 맛, '꿍'은 새우라는 뜻으로 새우를 새콤하게 끓인 음식이에요. 새콤한 맛뿐만 아니라 단맛과 매운맛도 일품인 똠얌꿍은 세계 3대 수프로 손꼽힐 만큼 사랑받는 태국의 대표 음식이랍니다. 어려울 것 같지만 재료만 있으면 손쉽게 만들 수 있어요.

재료 (2인분)
새우 6마리, 새송이버섯 1개, 방울토마토 4개, 고수 5줄기, 레몬그라스 2줄기, 카피르라임 잎 3대, 갈랑갈 1조각, 칠리 페이스트 2T, 피시소스 3T, 라임즙 1/2컵, 물 6컵

1. 새우 대가리는 떼어내고 껍질, 내장을 제거한 뒤 등에 길게 칼집을 넣는다. 새우 대가리는 버리지 않고 둔다.
   ⊕ 새우 손질하기(24쪽)

2. 갈랑갈은 얇게 슬라이스하고, 레몬그라스는 밑동을 제거하고 칼등으로 두드린 다음 어슷썰기를 한다. 카피르라임 잎은 3등분하여 찢고, 새송이버섯은 한입 크기로 자른다. 방울토마토는 반으로 자른다.
   ⊕ 향신료는 인터넷에서 저렴하게 구할 수 있고, 레몬그라스, 카피르라임 잎, 갈랑갈을 묶어 소량 판매하기도 해요.

3. 냄비에 새우 대가리를 주걱으로 꾹꾹 눌러가며 볶는다. 새우 색이 변하면 물을 붓고 한소끔 끓여 육수를 만든다.
   ⊕ 새우 대가리를 볶으면 똠얌꿍에 새우맛을 더하고 단맛과 감칠맛을 끌어올린다.

4. 육수가 우러나면 새우 대가리는 건져내고 레몬그라스, 카피르라임 잎, 갈랑갈을 넣어 10분간 끓인다.

5. 새우와 새송이버섯, 방울토마토, 칠리 페이스트와 피시소스를 넣어 5분간 더 끓인다. 마지막으로 라임즙과 고수를 넣는다.

영혼을 채워주는 소울 푸드

마파두부

두반장과 고추기름의 매콤 칼칼한 맛과 부드러운 두부, 고소한 돼지고기 맛이 어우러진 마파두부는 중국 쓰촨 지방을 대표하는 음식 중 하나예요. 밥 위에 올려 덮밥으로 즐겨도 좋고, 중독성 강한 얼얼한 매운맛으로 술과 함께 곁들이기에도 그만입니다.

재료 (2인분)
연두부 2팩, 다진 돼지고기 100g, 대파 1/4대, 쪽파 3대(생략 가능), 다진 마늘 1T, 다진 생강 1t, 고추기름 2T, 전분물(전분 2T, 물 3T), 물 1컵, 참기름 1/2t

양념장
두반장 1T, 청주(또는 맛술) 1T, 굴소스 1t, 간장 1T, 설탕 1t, 치킨스톡 1t, 후춧가루 조금

1 연두부는 가로로 반을 자른 뒤 깍둑썰기를 한다.
  ⊕ 연두부는 찌개용 두부로 대체해도 된다.
2 대파는 잘게 다지고, 쪽파는 송송 썬다.
3 분량의 재료를 섞어 양념장을 만든다.
4 팬에 고추기름을 두르고 다진 대파, 마늘, 생강을 약불에 10초간 볶아 향을 낸 후 돼지고기와 양념장을 넣고 센 불에 달달 볶는다.
5 고기가 익으면 물을 붓고 끓어오르면 두부를 넣고 양념이 배도록 졸인다. 전분물을 넣고 섞어서 걸쭉해지면 불을 끄고 참기름과 쪽파를 뿌린다.
  ⊕ 주걱으로 저으면 두부가 으깨지기 쉬우니 팬을 살살 돌려가며 섞는다.

철판에 지글지글

불오징어볶음

센 불에 물기 없이 바싹 볶은 매운 불맛 오징어볶음이에요. 매운맛을 중화해주는 콩나물과 함께 깻잎에 싸서 술 한잔을 곁들이면 입안 가득 매콤한 감칠맛이 돌죠. 남은 양념에 소면을 삶아 곁들이면 더욱 든든해요.

재료 (2인분)
오징어 2마리, 양파 1/2개(70g), 당근 40g, 청양고추 1개, 홍고추 1개, 대파 1/2대(70g), 삶은 콩나물 1줌(선택), 깻잎채(선택), 소면(선택)

양념
고춧가루 3T, 간장 2T, 고추장 1T, 맛술 1T, 물엿 2T, 다진 마늘 1T, 참기름 1T, 통깨 조금

1 손질한 오징어 몸통은 1cm 두께의 링 모양으로 썰고, 다리는 한입 크기로 자른다.
　⊕ 오징어 손질하기(22쪽)
2 대파와 청양고추, 홍고추는 어슷썰기를 하고, 양파는 굵게 채 썰고, 당근은 1.5cm 너비로 얇게 썬다.
3 달군 팬에 기름을 두르고 다진 마늘을 10초간 볶아 향을 낸 후 오징어를 넣고 센 불에 재빨리 볶는다.
4 오징어 살이 불투명해지면 고춧가루를 넣어 색을 입힌 후 간장, 맛술, 고추장 순서로 넣고 양념이 고루 섞이도록 1분간 볶는다.
5 당근, 양파, 청양고추, 홍고추를 넣고 센 불에 볶다가 숨이 죽으면 물엿을 둘러 뒤적인 뒤 불을 끄고 참기름, 통깨를 넣는다.
6 오징어볶음을 접시에 담고 기호에 따라 삶은 콩나물, 깻잎채, 소면을 곁들인다.
　⊕ 오징어는 양념에 미리 재우지 않고, 즉석에서 센 불을 유지하며 단시간에 조리해야 물기 없이 탱글한 식감이 유지된다.

멈출 수 없는 화끈한 매운맛
매운돼지갈비찜

알싸한 매운맛 양념이 깊게 배어 한번 맛보면 콧등에 땀이 맺힐 정도로 얼얼한데도 자꾸만 손이 가는 멈출 수 없는 맛이랍니다.

재료 (2~3인분)
돼지갈비 1kg, 양파 1/2개, 대파 1대, 청양고추 2개, 꽈리고추 6개, 떡볶이떡 1컵, 물 3컵

초벌 삶기
대파(뿌리 부분) 1/4대, 월계수잎 2장, 통후추 1t, 청주(또는 소주) 1/3컵

양념장
고추장 2T, 고춧가루 4T, 올리고당 1T, 간장 4T, 맛술 2T, 설탕 1T, 다진 마늘 2T, 다진 생강 1t, 후춧가루 넉넉히

1. 돼지갈비는 찬물에 1시간 이상 담가 핏물을 뺀 뒤 깨끗이 씻는다.
2. 끓는 물에 돼지갈비와 초벌 삶기 재료를 넣어 5분간 삶은 다음 찬물에 씻어 체에 받친다.
3. 분량의 재료를 섞어 양념장을 만든다.
    - 양념장은 3시간 전이나 하루 전날 미리 만들어 숙성하면 더 좋다. 숙성하면 여러 재료의 맛이 고루 섞여 더욱 풍미가 좋아진다.
4. 양파와 대파, 청양고추는 큼직하게 썰고 꽈리고추는 한입 크기로 썬다.
5. 냄비에 삶은 돼지갈비와 양념장을 넣고 버무린 뒤 물을 붓고 센 불에 끓인다. 끓기 시작하면 뚜껑을 덮어 중불에 30분간 더 끓인다. 양념이 고루 배도록 중간중간 국물을 끼얹어가며 뒤적인다.
6. 양파, 대파, 청양고추와 떡볶이떡을 넣고 5분간 더 끓인 뒤 꽈리고추를 올린다.
    - 매운 정도는 기호에 따라 청양고추 가루와 일반 고춧가루를 섞어 조절한다.

이국적인 매운맛

마라샹궈

중국 쓰촨 지방에서 유래한 마라샹궈는 마라소스에 각종 해산물과 고기, 채소 등의 재료를 볶은 음식입니다. 푸주, 납작당면 등 낯선 재료들도 있지만, 온라인 마켓이나 마트 수입 식자재 코너에서 쉽게 구할 수 있어요. 고기와 해산물, 채소는 좋아하는 것으로 취향껏 대체해도 좋아요.

재료 (2~3인분)
대패 삼겹살 150g, 새우 6마리, 대파 1/4개, 마늘 4개, 팽이버섯 100g, 연근 50g, 쥐똥고추 5~6개, 양파 1/4개, 청경채 3대, 숙주 1줌, 푸주(건두부) 30g, 납작당면 50g, 고수 조금

양념
하이디라오 마라샹궈 소스 1봉(110g), 맛술 2T, 후춧가루 넉넉히

1 푸주와 납작당면은 찬물에 담가 2시간 이상 불린다.

2 대파는 송송 썰고 마늘은 칼등으로 으깬다. 양파는 채 썰고 연근은 적당한 두께로 슬라이스한다. 청경채는 반으로 자르고, 팽이버섯은 적당한 굵기로 찢는다.

3 새우는 물총과 대가리, 수염, 내장을 제거한다.
　⊕ 새우 손질하기(24쪽)

4 달군 팬에 기름을 두르고, 대파, 마늘을 볶아 향을 낸 후 쥐똥고추를 추가하고 대패 삼겹살을 볶는다.
　⊕ 쥐똥고추 알아보기(21쪽)

5 삼겹살이 익기 시작하면 새우를 넣고 맛술, 후춧가루를 뿌려 센 불에 볶는다.

6 새우가 익으면 연근, 양파, 팽이버섯, 푸주를 넣고 1분 더 볶다가 납작당면과 마라소스를 넣고 2분간 더 볶는다. 숙주와 청경채를 넣고 30초간 뒤적여 숨이 죽으면 불을 끈다.
　⊕ 취향에 따라 고수를 올린다.

영혼을 채워주는 소울 푸드

국물닭볶음탕

추적추적 비 오는 날 더욱 생각나는 깊고 얼큰한 국물, 양념이 쏙 배어 부드러운 닭고기와 포슬포슬한 감자. 허한 마음까지 가득 채워주는 닭볶음탕은 한국인이라면 누구나 좋아하는 소울푸드 중 하나입니다.

재료 (2~3인분)
볶음탕용 닭 1마리(800g), 양파 1개, 당근 1/2개, 대파 2대, 감자 2개, 청양고추 1개, 홍고추 1개(생략 가능), 물 3컵

양념장
고추장 1T, 고춧가루 3T, 간장 5T, 다진 마늘 2T, 설탕 2T, 맛술 3T, 카레 가루 1/2T, 생강가루 1t, 후춧가루 조금

1 닭은 깨끗이 씻어 끓는 물에 약 3분간 데친 후 찬물에 씻는다.
　⊕ 닭을 데치는 과정에서 기름기와 불순물이 제거된다.
2 양파는 큼직하게 썰고 대파는 길게 썰어 반으로 자른다. 청양고추와 홍고추는 3cm 길이로 썬다. 당근과 감자는 비슷한 크기로 썰고 모서리를 둥글게 깎는다.
　⊕ 감자와 당근 모서리를 깎으면 가장자리가 부서져 국물이 탁해지는 것을 방지할 수 있다.
3 분량의 재료를 섞어 양념장을 만든다.
4 냄비에 닭을 넣고 양념장을 고루 끼얹은 뒤 닭고기가 살짝 잠길 정도로 물을 붓고 센 불에 끓인다. 끓기 시작하면 감자와 양파, 당근을 넣고 뚜껑을 덮어 중불에 약 20분간 뭉근하게 끓인다.
5 청양고추, 홍고추, 대파를 넣고 약불에 졸여가며 5분간 더 끓인다.

따뜻하고 든든한 보양식

닭한마리칼국수

비가 오고 으슬으슬한 날씨에는 뜨끈한 국물이 생각나죠. 닭 한 마리를 통째로 푹 끓여 부드러운 살코기는 겨자 소스에 찍어 먹고, 진하게 우러난 닭육수는 칼국수를 삶아 먹으면 완벽한 닭한마리칼국수가 된답니다. 더위에 지친 한여름 원기 회복을 위한 보양식으로도 좋아요.

재료 (2~3인분)
닭 1kg, 감자 2개, 떡볶이떡 5~6개, 부추 1줌, 칼국수 면(선택), 소금 조금, 후춧가루 조금

향신료
대파 1대, 양파 1/2개, 생강 1쪽, 마늘 6개, 통후추 8개, 청주(또는 소주) 1/2컵

겨자 소스
고춧가루 3T, 간장 2T, 설탕 1T, 식초 1T, 다진 마늘 1T, 연겨자 1T, 물 3T

1 대파는 4등분하고, 생강은 편을 썰고, 양파는 굵게 썬다.
2 부추는 반으로 자르고 감자는 큼직하게 썬다. 떡볶이떡은 찬물에 씻어 준비한다.
3 냄비에 깨끗이 씻은 닭을 넣고 닭이 충분히 잠길 정도로 물을 채운 다음 향신 재료를 모두 넣고 센 불에 끓인다. 끓어오를 때 생기는 거품과 불순물을 걷어내고 뚜껑을 덮어 중강불에 30분간 더 끓인다.
4 분량의 재료를 섞어 겨자 소스를 만든다.

⊕ 겨자 소스는 미리 만들어 30분 이상 숙성해두면 고춧가루의 풋내가 나지 않는다. 겨자 양은 기호에 따라 가감한다.

5 닭은 건져서 낮은 냄비에 옮겨 담고, 나머지 재료는 면보 또는 고운 채반에 받쳐 닭육수만 거른다.

6 닭을 담은 냄비에 감자와 떡을 넣고 육수를 부어서 끓인다. 감자가 익으면 닭고기를 먹기 좋게 자르고 소금, 후춧가루로 간을 한다. 부추를 국물에 살짝 데쳐 겨자 소스에 찍어 먹는다.
    ⊕ 고기를 먹고 나서 육수에 칼국수 면을 삶아 먹어도 좋다.

통새우 한 마리가 가득

새우교자

육즙 가득한 만두 속에 큼직한 새우 한 마리가 통째로! 향긋한 부추향과 육즙을 머금은 돼지고기, 입안 가득 씹히는 새우살로 만두를 만들어요. 몇 개만 먹어도 든든한 술안주가 된답니다.

재료 (2~3인분)
만두피 10장, 새우 10마리, 돼지고기 다짐육 300g, 두부 200g, 부추 70g

만두소 양념
다진 마늘 1/2T, 다진 생강 1t, 간장 1T, 참기름 2t, 소금 조금, 후춧가루 조금

새우 밑간
맛술 1T, 소금 조금, 후춧가루 조금

1 새우는 껍질을 벗기고 내장을 제거한 후 맛술, 소금, 후춧가루를 뿌려 밑간을 한다.
2 부추는 쫑쫑 썬다.
3 두부는 칼등으로 으깨 면보에 싸서 물기를 꼭 짠다.
4 돼지고기 다짐육에 부추와 두부, 만두소 양념을 모두 넣고 고루 섞는다.

5 만두피 가장자리에 물을 살짝 묻히고 가운데 만두소를 펼친 후 새우를 올린다.
6 만두피를 반으로 접어 주름을 잡아가며 만두를 빚는다.
7 찜통에 물이 끓으면 만두를 올려 10~12분간 찐다.

drink
&
dish

크리스마스와 연말은 물론 조금은 특별한 분위기를 내고 싶은 날,
가족 또는 연인, 친구들을 초대하는 자리에 술 한잔을 빼놓을 수 없죠.
소중한 사람들과 함께하는 즐거운 홈파티 테이블을
더욱 빛나게 해줄 술안주를 준비해보세요.

Part 4

분위기 내고 싶은 날
홈파티 술안주

와인과 어울리는 간단 안주

브리치즈카나페

깊고 부드러운 맛으로 '치즈의 여왕'이라 불리는 브리 치즈. 과일과도 잘 어울리며 달콤한 화이트 와인이나 샴페인과 궁합이 좋아요. 따뜻하게 구워 메이플 시럽이나 꿀을 듬뿍 올리면 단짠의 진수를 느낄 수 있답니다. 와인과 곁들여 폼 나는 파티 음식으로 준비해보세요.

재료 (2~3인분)
브리 치즈 1개, 견과류 1줌(30g), 꿀(또는 메이플 시럽) 취향껏, 과일, 타임 3줄기, 크래커(또는 구운 바게트)

1 견과류는 굵게 다진다.
   ⊕ 견과류는 어떤 종류이든 상관없고 쉽게 구할 수 있는 견과류 믹스도 좋다.

2 브리 치즈는 8등분으로 깊숙이 칼집을 내서 꿀이나 메이플 시럽을 충분히 뿌린 후 다진 견과류를 듬뿍 올린다.
   ⊕ 브리 치즈 알아보기(17쪽)

3 2를 170도로 예열한 오븐에 6분간 굽는다.
   ⊕ 에어프라이어는 150도에서 5분, 전자레인지는 3분간 굽는다.

4 꿀(또는 메이플 시럽)을 듬뿍 뿌리고, 한입 크기로 자른 과일과 크래커를 곁들인다.
   ⊕ 무화과, 사과, 베리류 등 단맛이 나는 과일이 잘 어울린다.

건강하고 예쁜 파티 요리

연어부르스케타

연어는 오메가3, 지방산 등 각종 영양 성분이 풍부하게 함유되어 슈퍼 푸드로 불려요. 특히 훈제연어는 간편하게 먹을 수 있고 맛도 좋아 다양한 방법으로 즐길 수 있어요. 샌드위치 속재료에도 잘 어울리는 연어와 여러 가지 채소, 수란을 바게트에 올려 핑거푸드로 만들어보세요.

재료 (2인분)
훈제연어 100g, 양파 1/4개, 오이 1/2개, 케이퍼 4~6개, 레몬 1/4개, 딜 2줄기, 호밀빵 또는 바게트 4조각, 크림치즈

수란
물 1ℓ, 달걀 2개, 식초 2T

홀스래디쉬 소스
마요네즈 3T, 다진 양파 2T, 레몬즙 2T, 꿀 1T, 딜, 소금 조금, 후춧가루 조금

1 냉동 훈제연어는 상온에서 30분간 자연 해동하고, 껍질이 붙어 있다면 칼로 조심스럽게 제거한다.

2 오이는 필러를 이용해 세로로 얇게 슬라이스하고 양파는 둥글게 썰고, 레몬은 4등분한다.
　◈ 오이 대신 양상추나 샐러드용 잎채소를 사용해도 좋다.

3 분량의 재료를 모두 섞어 홀스래디쉬 소스를 만들고 냉장고에 차갑게 보관한다.

4 달걀을 그릇에 미리 깨놓는다. 물이 끓으면 불을 줄이고 식초를 넣은 뒤 젓가락으로 휘저어 회오리를 만든다. 가운데 달걀을 넣고 그대로 3분간 삶아서 얼음물에 담가 식힌 후 체에 받쳐 물기를 뺀다.
　◈ 달걀은 급격한 온도 변화에 깨지기 쉬우니 미리 실온에 10~20분 정도 둔다.

5 적당한 크기로 썬 바게트 위에 크림치즈를 바른다.

6 크림치즈 위에 오이, 양파, 훈제연어 순으로 올리고 홀스래디쉬 소스를 뿌린다. 수란을 얹고 후춧가루를 뿌린 뒤 딜과 케이퍼로 장식한다. 먹기 전에 레몬즙을 짜서 뿌린다.
　◈ 딜 알아보기 (15쪽)

2가지 매력

부라타치즈샐러드

탱탱한 모차렐라 속에 버터처럼 보드라운 치즈크림을 가득 품은 반전 매력의 부라타 치즈. 토마토 샐러드와 함께 바게트나 곡물빵을 곁들여 브런치 메뉴로도 좋지만, 진한 치즈와 프로슈토의 조합은 와인과도 찰떡 궁합이에요. 만드는 방법은 간단하지만 홈파티 메뉴로 손색없어요.

재료 (1인분)
부라타 치즈 1개, 방울토마토 10개, 와일드 루콜라 1줌(50g), 프로슈토 2장, 바게트(선택)

발사믹 드레싱
올리브오일 2T, 발사믹 1T, 꿀 1T, 소금 1꼬집, 후춧가루 넉넉히

1. 와일드 루콜라는 찬물에 잠시 담가두었다 체에 밭쳐 물기를 뺀다.
   - 루콜라 대신 샐러드 잎채소도 좋다.
2. 방울토마토는 꼭지를 떼어내고 반으로 자른다.
3. 방울토마토에 발사믹 드레싱을 버무리고 냉장고에 30분 이상 차갑게 마리네이드를 한다.
   - 마리네이드란 음식을 조리하기 전에 맛을 내거나 부드럽게 하기 위해 재워두는 것, 또는 그 재료를 말한다. 향이 독특한 재료에 재우면 음식에 수분을 더하는 동시에 부드럽고 향미도 좋아진다. 주로 올리브오일, 레몬즙, 식초, 맛술, 향신료, 허브 등을 이용하며 때때로 소금, 후춧가루 등을 이용하기도 한다.
4. 접시에 와일드 루콜라와 방울토마토, 부라타 치즈를 먹음직스럽게 담고 프로슈토를 찢어 올린다. 마지막으로 통후추를 갈아 뿌린다.
   - 바삭하게 구운 바게트를 곁들여도 좋다.
   - 부라타 치즈 알아보기(17쪽)

매력적인 스페인의 맛!

감바스알아히요

새우와 마늘, 올리브오일을 주재료로 한 스페인의 대표적인 타파스 요리입니다. 타파스란 스페인에서 식사 전에 술과 곁들여 먹는 소량의 음식을 말해요. 감바스(gambas)는 '새우', 아히요(ajillo)는 '마늘 소스'라는 뜻이죠. 스페인의 술집에서 흔히 볼 수 있는 안주예요.

재료 (2인분)

냉동 칵테일 새우 15마리, 양송이버섯 4개, 방울토마토 8개, 마늘 10개, 페페론치노 5~6개, 올리브오일 1컵, 파슬리 또는 타임 조금, 소금 조금, 후춧가루 조금, 바게트

1 양송이버섯은 크기에 따라 2~4등분을 하고 방울토마토와 마늘은 반으로 자른다.

2 팬에 올리브오일을 붓고 따뜻하게 달궈지면 중약불에서 마늘을 볶아 향을 낸다.

　⊕ 주물팬을 사용하면 열 보존율이 높아 먹는 동안에도 따뜻하게 유지된다.

3 마늘이 노릇해지면 새우를 넣고 볶는다.

4 새우가 반쯤 익으면 양송이버섯, 방울토마토, 페페론치노를 넣고 소금, 후춧가루로 간을 해서 볶다가 파슬리나 타임을 올린다.

　⊕ 타임 알아보기(15쪽)

5 바게트를 곁들여 낸다.

　⊕ 감바스를 먹은 후 남은 기름에 삶은 파스타 면을 볶아 알리오올리오로 즐겨도 좋다.

따뜻한 문어와 감자 샐러드

뽈뽀

스페인의 대표적인 문어 요리 뽈뽀(pulpo)는 문어를 장시간 부드럽게 삶고 삶은 감자와 함께 소금, 파프리카 파우더, 엑스트라버진 올리브오일을 뿌려 풍미를 더합니다. 시중에 파는 자숙 문어로 쉽게 만들 수 있으며 와인과도 잘 어울려 홈파티 음식으로 좋습니다.

재료 (2~3인분)
자숙 문어 다리 4개(약 200g), 감자 3개, 올리브오일 2T, 소금 조금, 후춧가루 조금, 파프리카 파우더 1t, 딜 또는 파슬리 조금

1 감자는 껍질을 벗기고 한입 크기로 썰어서 끓는 물에 소금 1꼬집을 넣고 3~4분간 살캉하게 삶는다.

2 팬에 올리브오일을 두르고 문어 다리에 소금, 후춧가루를 뿌려 약불에 구운 뒤 접시에 담는다.

3 문어 다리를 구운 팬에 삶은 감자를 겉이 노릇해질 정도로 살짝 볶아서 소금을 뿌린다.

4 구운 문어 다리를 한입 크기로 썬다. 장식을 위해 1개는 통으로 남겨둔다.

   ✚ 장식을 위한 과정은 생략해도 된다. 문어가 뜨거울 때 썰면 껍질에 붙은 콜라겐이 벗겨져 지저분해지고 육즙이 빠져나가므로 식혀서 썬다.

5 감자와 문어 다리를 접시에 담고 올리브오일을 두른 후 파프리카 파우더를 뿌린다. 딜 또는 파슬리로 장식한다.

   ✚ 파슬리 알아보기(15쪽)

칼칼한 국물의 뚝배기 파스타 **뻬쉐**

해산물과 토마토소스로 만드는 국물 파스타 뻬쉐는 이탈리아식 해산물 수프로 칼칼하고 시원한 국물이 일품이에요. 애주가들 사이에서는 '해장 파스타'로 불립니다. 뜨끈한 국물이 생각나는 겨울철에 특히 잘 어울려 크리스마스나 연말 파티에 내놓으면 좋아요.

재료 (2~3인분)
스파게티 면 100g, 조개류 10개, 새우 3마리, 오징어 몸통 1/2마리, 마늘 8개, 양파 1/2개, 화이트 와인 1/2컵, 토마토소스 1병(400g), 페페론치노 5~6개, 올리브오일 2T, 타임 조금, 소금 조금, 후춧가루 조금, 파슬리 조금

1 양파는 채 썰고, 마늘은 편을 썬다.
2 조개는 해감하여 바락바락 비벼 씻는다.
   ✤ 조개류는 바지락, 가리비, 모시조개, 홍합 등 어떤 것과도 잘 어울린다.
   ✤ 조개 해감하기(25쪽)
3 새우는 내장과 수염, 뿔을 제거하고, 오징어는 한입 크기로 자른다.
   ✤ 오징어, 새우 손질하기(22~24쪽)
4 파스타 면은 끓는 물에 소금을 1꼬집 넣고 4분 30초간 삶는다. 올리브오일을 살짝 둘러 뒤적이고, 면수는 버리지 않고 둔다.
   ✤ 파스타 면은 한 번 더 조리하기 때문에 표시된 시간의 60% 정도만 삶는다.

5 냄비에 올리브오일을 두르고 중불에 마늘을 볶아 향을 낸 뒤 페페론치노와 양파를 넣어 볶는다.

6 양파가 투명해지면 조개와 타임을 넣고 센 불에 볶다가 화이트 와인을 붓는다. 와인을 부르르 끓여 알코올을 날리고 뚜껑을 덮어 조개가 입을 벌릴 때까지 2~3분간 더 끓인다.
　⊕ 타임 알아보기(15쪽)

7 오징어와 새우를 넣고 토마토소스와 면수 한 국자를 넣어 끓인다.

8 국물이 끓어오르면 파스타 면을 넣어 소스가 섞이도록 저으면서 면이 익을 때까지 3~4분간 더 끓인다. 소금으로 간을 하고 후춧가루, 파슬리를 뿌린다.
　⊕ 뚝배기에 담으면 따끈함이 계속 유지된다.

마음이 따뜻해지는

라쟈냐

라쟈냐(lasagna)는 직사각형 모양의 파스타를 라구볼로네제, 베샤멜 소스, 파르미지아노 레지아노 치즈 등과 함께 쌓아 오븐에 굽는 요리예요. 다진 고기와 토마토를 오랜 시간 끓여 만드는 라구 소스를 넉넉히 만들어두면 파스타와 피자, 샌드위치 등에 다양하게 활용할 수 있어요.

재료 (2~3인분)
라쟈냐 면 6장, 모차렐라 치즈 1컵, 파르미지아노 레지아노 치즈 30g, 파슬리 조금

라구 소스
소고기 다짐육 300g, 양파 1/2개, 당근 1/3개, 샐러리 줄기 1대, 토마토소스 1병(400g), 화이트 와인 1/2컵, 올리브오일 3T, 소금 조금, 후춧가루 조금

베샤멜 소스
버터 50g, 밀가루 50g, 우유 500ml, 소금 조금, 후춧가루 조금

1. 라구 소스에 넣을 양파와 당근, 샐러리 줄기는 잘게 다진다.
2. 끓는 물에 소금을 1꼬집 넣고 라쟈냐 면을 약 5분간 삶은 뒤 찬물에 담가 식혔다가 물기를 제거한다.
   ● 면은 한꺼번에 넣으면 서로 붙을 수 있으므로 1장씩 넣어 삶는다.
3. 팬에 올리브오일을 두르고 중약불에 1의 다진 채소를 볶는다.
4. 2에 소고기 다짐육, 소금, 후춧가루를 넣고 볶다가 센 불로 올리고 화이트 와인을 부어 알코올을 날린다.

5   고기가 어느 정도 익으면 토마토소스를 붓고 약불에 저어가며 20분
    간 뭉근하게 끓이면 라구 소스가 완성된다.

6   베샤멜 소스를 만든다. 팬에 버터를 약불에 녹이다가 밀가루를 넣
    고 갈색이 될 때까지 젓는다. 우유를 조금씩 부어가며 농도를 조절
    해 끓인 다음 소금, 후춧가루로 간을 한다.

7   오븐 용기에 라구 소스, 라자냐 면, 베샤멜 소스 순서로 반복해서
    올린다. 맨 위에 베샤멜 소스와 모차렐라 치즈, 파르미지아노 레지
    아노 치즈를 듬뿍 올린다.

8   200도로 예열한 오븐에 15~20분간 구운 뒤 파슬리를 뿌려낸다.
    ✚ 오븐의 사양에 따라 온도와 시간은 조절한다.

테이블 위의 꽃

고추잡채

화려한 비주얼만큼이나 매콤하면서 입맛 당기는 감칠맛이 매력적인 고추잡채. 색색이 고운 고추잡채와 함께 따뜻하게 찐 꽃빵을 곁들이면 근사한 중화요리가 됩니다. 재료만 준비해두면 단시간에 완성할 수 있어서 여러 음식을 한꺼번에 준비해야 하는 홈파티 메뉴로도 안성맞춤이에요.

재료 (2~3인분)
잡채용 돼지고기 150g, 대파(흰 부분) 1/4대, 청피망 1개, 빨강 파프리카 1/2개, 표고버섯 2개, 양파 1/2개, 꽃빵 5개, 식용유 1T, 고추기름 2T, 다진 마늘 1T, 간장 1T, 굴소스 1T, 설탕 1T, 참기름 0.5T

고기 밑간
간장 1t, 맛술 1T, 후춧가루 조금

1 돼지고기에 밑간 양념을 버무려 10~20분 재운다.
2 표고버섯은 밑동을 제거한 뒤 얇게 썰고, 대파, 양파, 청피망, 빨강 파프리카는 채 썬다.
3 찜통에 물을 넣고 끓이다가 김이 오르면 냉동 꽃빵을 올려 5분간 촉촉하게 찐다.
　⊕ 전자레인지를 사용할 경우 접시에 냉동 꽃빵을 담고 물을 조금 뿌려서 랩을 씌우고 포크로 구멍을 내서 1분 30초간 데운다.
4 팬에 식용유와 고추기름을 두르고 중불에 다진 마늘, 대파를 볶아 향을 낸 후 밑간한 고기를 넣고 볶는다.
5 고기 색이 변하면 채소들을 넣어 간장, 굴소스, 설탕으로 간을 하고 센 불에 볶은 후 불을 끄고 참기름을 두른다.
　⊕ 채소는 센 불에 단시간에 재빨리 조리해야 색감과 식감이 유지된다.
6 고추잡채에 꽃빵을 곁들인다.

함께 하면 더욱 특별한

감자그라탱

부드러운 크림소스와 치즈를 듬뿍 올려 구워낸 감자그라탱. 깊고 진한 풍미에 누구나 반할 수밖에 없는 맛이에요. 맛있는 감자가 제철일 때 만들어 가족, 친구들과 함께 즐겨보세요.

재료 (2~3인분)
감자(큰 것) 2개, 마늘 5개, 양파 1/2개, 베이컨 2장, 생크림 200ml, 모차렐라 치즈 1컵, 올리브오일 2T, 그뤼에르 치즈 조금, 소금 조금, 후춧가루 조금, 파슬리 조금

1 감자는 껍질을 벗겨 얇게 슬라이스한다.
2 마늘은 굵게 다지고, 양파는 채 썰고, 베이컨은 한입 크기로 자른다.
3 팬에 올리브오일을 두르고 마늘을 볶아 향을 낸 뒤 양파를 볶는다. 양파가 투명해지면 베이컨을 넣고 소금, 후춧가루로 간을 해서 볶는다.
4 생크림을 붓고 끓어오르면 감자를 넣고 저어가며 소스가 되직해질 때까지 뭉근하게 끓인다.
5 오븐 용기에 4를 담고 모차렐라 치즈를 듬뿍 올린다. 맨 위에 그뤼에르 치즈를 갈아서 올린다.
   ⊕ 그뤼에르 치즈는 생략해도 되지만 넣으면 풍미가 배가된다.
   ⊕ 그뤼에르 치즈 알아보기(17쪽)
6 180도로 예열한 오븐에 20분간 구운 뒤 파슬리를 뿌린다.

건강에 좋은 재료가 듬뿍

치킨스튜

스튜는 와인과 잘 어울리는 요리예요. 생토마토를 넣어도 좋지만 여기서는 간편하게 토마토소스로 만들었어요. 닭고기와 건강에 좋은 각종 채소, 토마토소스로 고급스러운 풍미를 더한 치킨스튜. 밑간을 해둔 닭고기를 노릇하게 구워 육즙까지 놓치지 않았답니다.

재료 (2~3인분)
닭고기(닭볶음탕용) 1팩(800g), 토마토소스 1병(400g), 당근 1/2개, 양파 1/2개, 양송이버섯 6개, 마늘 3~4개, 월계수잎 3장, 파슬리 또는 바질 잎 조금, 페페론치노 5~6개, 소금 조금, 후춧가루 조금, 물 1/2컵

고기 밑간
올리브오일 2T, 타임 조금

1. 닭고기는 깨끗이 씻어 물기를 제거하고 소금, 후춧가루, 올리브오일, 타임을 고루 버무려 밑간을 한다.
2. 당근, 양파, 양송이버섯은 한입 크기로 썰고, 마늘은 반으로 자른다.
3. 달군 팬에 기름 없이 닭 껍질 쪽부터 굽는다. 닭에서 기름이 충분히 나오고 노릇하게 구워지면 뒤집어 앞뒤를 골고루 굽는다. 구운 닭은 따로 덜어둔다.
4. 닭을 구운 팬에 당근, 양파, 마늘을 넣고 소금, 후춧가루로 간을 해서 볶는다.
5. 구운 닭과 볶은 채소를 냄비에 옮겨 담고 토마토소스와 양송이버섯, 월계수잎, 페페론치노를 넣어 가볍게 볶는다.
6. 물을 붓고 뚜껑을 덮어 중불에 30분간 뭉근하게 끓인 후 파슬리나 바질 잎을 찢어서 뿌린다.

✚ 물에 닭 육수나 치킨스톡을 풀어 사용하면 더욱 깊은 맛이 난다.

건강에 좋은 원팟 요리

고기말이채소찜

나무 찜기에 식재료를 넣고 수증기로 찌는 것을 세이로무시라고 해요. 여기서는 버섯과 각종 채소, 정성이 돋보이는 고기말이로 만들어봤어요. 색감이 좋아 눈도 즐겁고 평소에 먹기 어려운 채소들을 다양하게 먹을 수 있어 어르신들을 초대하는 자리에서도 칭찬받을 만한 메뉴입니다.

재료 (2인분)
차돌박이 150g, 부추 100g, 팽이버섯 120g, 알배추 100g, 숙주 150g, 새송이버섯 1개, 표고버섯 2개, 단호박 50g, 만가닥버섯(또는 느타리버섯) 100g, 후춧가루 조금

찜
월계수잎 2장, 청주(또는 맛술) 2T

된장마요 소스
된장 1T, 마요네즈 2T, 고춧가루 1T, 식초 1T, 꿀 1T, 깨소금 1T, 물 1T

1. 팽이버섯은 밑동을 제거한 후 10cm 길이로 자르고, 부추도 같은 길이로 자른다.
2. 알배추와 새송이버섯, 단호박은 먹기 좋은 크기로 썰고, 만가닥버섯은 먹기 좋게 찢고, 표고버섯은 밑동을 제거한 후 십자로 칼집을 내어 꽃 모양을 만든다.
   ✚ 곁들일 채소와 버섯은 기호에 따라 종류와 양을 가감한다.
3. 차돌박이를 펼치고 가운데 팽이버섯과 부추를 올려 한입 크기로 말아 후춧가루를 뿌린다. 끝부분을 밑으로 두어야 풀리지 않는다.
4. 찜기에 숙주를 깔고, 준비한 채소와 고기말이를 보기 좋게 담는다.
5. 찜통에 물과 월계수잎, 청주를 부어 끓인다. 김이 오르면 찜기를 올려 뚜껑을 덮고 중불에 7~8분간 찐다.
6. 찌는 동안 분량의 재료를 섞어 된장마요 소스를 만든다. 고기말이채소찜과 준비한 소스를 함께 낸다.
   ✚ 시중에 파는 폰즈 소스와 스위트 칠리소스 등을 찍어 먹어도 좋다.

집에서 즐기는 펍

칠리치즈프라이

정통 칠리소스는 다양한 재료와 향신료가 들어가지만, 쉽게 구할 수 있는 재료들로 간단히 만들 수 있어요. 칠리소스는 넉넉히 만들어 냉동 보관해두면 나초와 함께 먹어도 좋고 핫도그 위에 듬뿍 올려 먹어도 맛있어요.

재료 (2인분)
냉동 감자튀김 300g, 체다 치즈 또는 모차렐라 치즈, 쪽파 취향껏

칠리소스
버터 30g, 소고기 다짐육 200g, 양파 1개, 다진 마늘 2T, 토마토소스 1컵, 고춧가루 1T, 소금 조금, 후춧가루 조금

1 양파는 적당한 크기로 다진다.
2 팬에 버터를 녹이고 다진 양파를 볶다가 소고기 다짐육을 추가한 뒤 마늘, 소금, 후춧가루를 넣어 함께 볶는다.
3 고기 색이 하얗게 변하면 토마토소스와 고춧가루를 넣어 중불에 뭉근해질 때까지 충분히 볶아 칠리소스를 완성한다.
  ✚ 타코 시즈닝을 1T 넣으면 맛과 향이 더욱 진해진다. 시즈닝이란 분말 형태의 천연 조미료, 혹은 가루 소스라고 이해하면 된다.
4 냉동 감자튀김을 200도로 예열한 에어프라이어에 20분간 굽는다.
5 접시에 감자튀김을 담고 칠리소스를 따뜻하게 데워 듬뿍 올린 후 모차렐라 치즈 또는 체다 치즈, 쪽파를 솔솔 뿌린다.
  ✚ 치즈는 감자튀김 온도로 자연스럽게 녹지만 양이 많으면 전자레인지에 30초 정도 돌린다.

사 먹는 것보다 훨씬 맛있는 # 매콤닭강정

닭강정은 닭고기를 바삭하게 튀겨 매콤달콤한 양념을 버무린 길거리 음식이에요. 집에서 만들면 더욱 건강하고 푸짐하게 즐길 수 있답니다. 시원한 맥주와 함께하면 더할 나위 없어요.

재료 (3~4인분)
닭다리살 정육 1팩(500g), 튀김 가루 1컵, 맛술 2T, 소금 조금, 후춧가루 조금, 땅콩 분태(선택)

튀김 반죽
튀김 가루 1.5컵, 카레 가루 1t(생략 가능), 후춧가루 조금, 얼음물 1컵

양념장
청양고추 1개, 마늘 5개, 고추장 1T, 간장 1T, 케첩 2T, 설탕 2T, 물엿 4T, 후춧가루 조금

1 닭다리살은 한입 크기로 잘라서 소금, 후춧가루, 맛술을 버무려 30분간 재운다.
   ⊕ 닭다리살, 닭안심, 닭가슴살 등 좋아하는 부위로 선택한다.
2 청양고추는 잘게 썰고, 마늘은 칼등으로 으깬 뒤 굵게 다져서 분량의 재료와 함께 섞어 양념장을 만든다.
3 분량의 재료를 섞어 반죽을 만들고, 닭다리살은 튀김 가루를 따로 묻힌다.
4 닭다리살에 반죽을 입혀 170도에서 약 7분간 튀긴다.
   ⊕ 튀김 온도 알아보기(95쪽)
5 갈색이 될 때까지 한 번 더 짧게 튀긴다.
6 넓은 팬에 양념장을 붓고 저으면서 끓인 후 불을 끄고 튀긴 닭고기를 넣어 고루 뒤적인다. 닭강정을 그릇에 담고 기호에 따라 땅콩 분태나 견과류를 뿌린다.

프랑스식 홍합탕

와인홍합찜

홍합에 화이트 와인을 넣고 조리한 프랑스 요리를 물마리니에르라고 해요. 우리나라에서 홍합탕을 술안주로 즐겨 먹는 것처럼, 간단한 조리법으로 바다의 풍미를 즐길 수 있는 프랑스 가정식이죠. 여기서는 프랑스 요리처럼 홍합에 와인을 넣고 쪄봤어요. 혼술 안주나 연말 홈파티에 좋아요.

재료 (2~3인분)
홍합 1kg, 샐러리(줄기 부분) 1대, 마늘 4~5개, 방울토마토 10개, 화이트 와인 1컵, 레몬 1/2개, 올리브오일 2T, 후춧가루 조금, 버터 15g, 타임 또는 이탈리안 파슬리 조금

1 홍합은 솔이나 껍질을 이용해 이물질을 제거하고 족사를 떼어낸 후 차가운 물에 여러 번 씻은 뒤 체에 받쳐 물기를 뺀다.
   ⊕ 홍합 손질하기(26쪽)

2 마늘은 칼등으로 으깨서 다지고, 샐러리는 굵게 다지고, 방울토마토는 반으로 자른다.

3 팬에 올리브오일을 두르고 중불에 마늘을 볶아 향을 낸 후 다진 샐러리와 방울토마토를 볶는다.

4 홍합을 넣고 후춧가루를 뿌려 1분간 더 볶는다. 홍합이 입을 벌리기 시작하면 화이트 와인을 붓고 센 불에 부르르 끓여 알코올을 날린다.

5 뚜껑을 덮고 3분간 더 끓인 후 버터를 넣어 향을 입힌 뒤 타임 또는 이탈리안 파슬리, 레몬즙을 짜서 뿌린다.

홍합 사용하기
손질한 홍합은 물기를 빼서 냉장 보관해두고 1~2일 내에 요리하는 것이 좋다. 냉동 보관할 수도 있지만 수분이 빠져서 신선한 상태일 때보다 맛과 식감이 떨어진다.

이탈리아 왕비처럼

마르게리타피자

1889년 사보이 왕가 출신의 이탈리아 왕비 마르게리타가 나폴리를 방문했을 때 유명한 요리사가 이탈리아 국기의 초록색, 흰색, 빨간색이 들어간 피자를 만들었다고 해요. 도우 위에 토마토, 바질, 모차렐라 치즈를 올리는 가장 기본적인 피자로 담백한 맛이 특징입니다.

도우 (3~4인분)

강력분 160g, 드라이 이스트 4g, 물 100ml, 소금 3g, 설탕 5g, 올리브오일 1T

토핑

토마토소스 5T, 양송이버섯 2개, 베이컨 2줄, 방울토마토 7개, 생모차렐라 치즈 100g, 바질 잎 5장

1. 볼에 밀가루를 담고 3개의 홈을 만들어 각각 설탕, 소금, 드라이 이스트를 넣는다. 소금과 이스트가 섞이지 않도록 각각 조심스럽게 저은 다음 한 번에 모두 섞는다.
    - 드라이 이스트는 살아 있는 균의 수분만 제거한 것으로 소금과 설탕이 직접 닿으면 효모세포가 손상되어 발효가 잘되지 않는다. 밀가루로 코팅된 후에는 한 번에 섞어도 영향을 주지 않기 때문에 따로 섞고 나서 한꺼번에 섞는다.

2. 미지근한 물을 넣고 주걱으로 저어 덩어리가 생기기 시작하면 올리브오일을 넣어 1분간 손으로 치댄다. 농도가 끈적해지면 도마에 밀가루를 뿌려가며 약 10분간 손반죽을 한다.

3. 반죽이 매끈해지면 둥글게 뭉쳐 볼에 담고 랩을 씌워 따뜻한 곳에 두어 반죽이 2배가 될 때까지 휴지한다.
    - 휴지 시간은 실내 온도(계절)에 따라 40분~1시간 내외가 될 수 있다. 반죽 가운데를 손가락으로 눌렀을 때 올라오지 않고 그대로 고정되어 있으면 발효가 잘된 것이다.

4. 베이컨과 양송이버섯은 얇게 썰고, 방울토마토는 반으로 자른다. 생모차렐라 치즈는 물기를 제거하고 적당한 두께로 자른다.

5 도마에 밀가루를 뿌리고 발효된 반죽을 올려 기포가 생기지 않도록 손바닥으로 눌러 가볍게 반죽한다.

6 밀대 또는 손으로 눌러가며 넓게 펼쳐 도우를 만든다.

7 가장자리는 한 번 접어 경계 부분을 손끝으로 꼭꼭 누른다.

8 반죽이 부푸는 것을 방지하기 위해 포크로 도우의 편평한 면을 콕콕 찔러준다. 이것을 '피케'라고 부른다.

9 오븐 팬에 종이호일을 깔고 도우를 올린다. 토마토소스를 펼쳐 바르고, 양송이버섯, 베이컨, 생모차렐라 치즈, 방울토마토 순으로 토핑을 올린다.

10 190도로 예열한 오븐에 20분간 굽고 바질 잎을 올린다.

드라이 이스트 알아보기
빵 반죽의 풍미와 발효를 도와주는 이스트를 건조시킨 것. 시중에서 구입할 때는 유통기한을 꼭 확인한다.

입안 가득 육즙 폭발

수제버거

풍성한 속재료와 육즙 가득한 패티로 눈길과 입맛을 모두 사로잡는 수제버거. 식감과 육즙을 살린 고기 패티만 있다면 집에서도 전문점 못지않은 햄버거를 만들 수 있어요. 한여름 맥주와 함께라면 더욱 행복하겠죠.

재료 (4인분)
양파 1개, 토마토 1개, 로메인 상추 8장, 체다 치즈 4장, 버터 15g, 올리브오일 2T, 햄버거 번 4개, 케첩 조금, 마요네즈 조금, 머스터드 소스 적당량

패티
소고기 다짐육 450g, 소금 조금, 후춧가루 조금, 다진 마늘 1/2T

1. 로메인 상추는 깨끗이 씻은 후 물기를 제거하고, 양파와 토마토는 둥글게 썬다.
2. 소고기 다짐육에 소금, 후춧가루, 다진 마늘을 넣어 가볍게 섞은 후 4등분한다. 소고기를 둥글게 뭉치고 손바닥으로 눌러가며 패티 모양을 만들고 가운데를 살짝 눌러 움푹 들어가게 한다.
   ⊕ 패티의 식감과 육즙을 살리기 위해 강하게 주무르거나 치대지 않는다. 패티가 익으면서 수축하고 볼록해지기 때문에 원하는 크기보다 조금 더 크게 만들고, 가운데는 손끝으로 가볍게 눌러준다.
3. 팬에 버터를 녹이고 햄버거 번의 안쪽 면을 노릇하게 굽는다.
4. 예열한 팬에 올리브오일을 두르고 약불에 패티를 뒤집어가며 속까지 충분히 굽는다.
5. 패티 양쪽 면이 고루 익으면 윗면에 체다 치즈를 올리고 약불에 치즈가 녹을 때까지 30초간 더 익힌다.
6. 빵 한쪽 면에 마요네즈, 케첩, 머스터드 소스를 취향껏 바르고, 로메인 상추, 토마토, 양파, 소고기 패티 순으로 올린다.

초간단 근사한 프랑스 가정식 # 연어파피요트

'파피요트'는 사탕을 싸는 포장지를 말하며, 종이호일 등으로 싸서 재료를 익혀 그대로 내는 요리 방식입니다. 연어는 물론 광어나 흰살 생선, 새우, 조개 등 다양한 해산물로 만들 수 있어요. 간단하지만 풍미 가득한 오븐 요리로 근사한 홈파티 음식에 제격입니다.

재료 (2~3인분)
연어 350g, 레몬 1개, 아스파라거스 6대, 감자 1개, 샬롯 3개, 방울토마토 5개, 화이트 와인 50ml, 올리브오일 3T, 딜(또는 타임) 1줄기, 소금 조금, 후춧가루 조금

1 연어는 키친타월로 물기를 제거하고 소금, 후춧가루를 넉넉히 뿌린다.
2 레몬은 동그란 모양으로 얇게 슬라이스하고, 감자는 껍질을 벗겨 적당한 두께로 슬라이스한다.
3 아스파라거스는 밑동을 자르고 줄기는 필러로 껍질을 벗긴다. 방울토마토는 꼭지를 떼고 반으로 자른다. 샬롯은 껍질을 벗겨 반으로 자른다.
   ⊕ 채소는 기호에 따라 선택한다.
4 종이호일을 두 겹 깔고 감자, 아스파라거스, 연어 순으로 쌓은 후 나머지 재료를 보기 좋게 올린다.

5   올리브오일을 고루 두르고 딜 또는 타임을 올린다.

6   종이오일을 한 겹 덮어 사탕처럼 양쪽 끝을 말고 틈새로 화이트 와인을 부은 다음 가장자리를 감싸 여민다.

7   200도로 예열한 오븐에 25분간 굽는다.
    ◉ 에어프라이어는 180도에서 20분간 굽는다.

drink
&
dish

슬픈 일로 한잔, 기쁜 일로 한잔, 그렇게 한 잔 두 잔 마신 술에
따라오는 숙취를 피할 수 없을 때 얼큰한 국물이 간절히 그리워지죠.
쓰린 속을 시원하게 풀어줄 해장국 한 그릇으로
알코올에 지친 간과 원기를 회복하세요.

Part 5

숙취 안녕~
다음 날도 가뿐하게
해장국

시원한 국물이 일품!

매생이굴국밥

굴은 타우린이 풍부해 피로 회복과 간 해독에 좋은 식품이에요. 콩나물보다 3배나 많은 아스파라긴산이 함유되어 있어 숙취 해소에 좋은 영양 만점 매생이와 만나면 더없이 시원한 국물맛을 냅니다. 요즘은 마트나 온라인에서 동결건조 매생이를 쉽게 구할 수 있어요.

재료 (2인분)
생굴 200g, 동결건조 매생이 6g, 참기름 1T, 다진 마늘 1/2T, 국간장 1T, 액젓 1/2T, 멸치 다시마 육수 3컵, 소금 조금

멸치 다시마 육수
다시용 멸치 8마리, 다시마 2장, 물 4컵

1. 냄비에 물을 붓고 멸치와 다시마를 넣어 끓기 시작하면 다시마를 건져내고 10분간 더 끓인 뒤 멸치를 모두 건져낸다.
   ⊕ 멸치 육수는 뚜껑을 열고 끓여야 비린내가 날아간다.
2. 굴은 소금물에 살살 흔들어가며 씻은 뒤 체에 받쳐 물기를 뺀다.
   ⊕ 굴은 소금물에 씻어야 맛이 빠져나가지 않는다.
3. 냄비에 참기름을 두르고 약불에 굴과 다진 마늘을 살짝 볶는다.
4. 굴이 살짝 쪼그라들 정도로 익으면 멸치 다시마 육수를 붓고 센 불에 한소끔 끓인다.
5. 팔팔 끓어오르면 동결건조 매생이를 넣고 저어가며 풀어준다. 국간장과 액젓으로 간을 하고 1~2분간 더 끓인 후 불을 끈다. 부족한 간은 소금으로 한다.

깔끔한 감칠맛 한 그릇

맑은명란두부탕

시원하고 담백한 국물이 생각날 때 냉장고 속 재료로 간단하게 끓이는 요리입니다. 명란젓 특유의 감칠맛이 밴 국물에 쑥갓을 얹으면 시원함이 2배가 됩니다. 늦은 밤 간단한 국물 안주로도 좋고, 다음 날 해장으로도 그만이에요.

재료 (2인분)
명란젓 3개(100g), 무 100g, 두부 150g, 대파 1/4대, 쑥갓 30g, 홍고추 1개, 다진 마늘 1/2T, 새우젓(또는 액젓) 1t, 멸치 다시마 육수 3컵

멸치 다시마 육수
다시용 멸치 8마리, 다시마 2장, 물 4컵

1 냄비에 물을 붓고 멸치와 다시마를 넣고 끓기 시작하면 다시마를 건져내고 10분간 더 끓인 뒤 멸치를 모두 건져낸다.
　⊕ 멸치 육수는 뚜껑을 열고 끓여야 비린내가 날아간다.
2 무는 얇게 나박나박 썰고, 명란과 두부도 적당한 크기로 썬다. 대파와 홍고추는 어슷썰기를 하고, 쑥갓은 3등분한다.
3 멸치 다시마 육수가 끓으면 무와 두부를 넣고 3분간 끓인 후 명란젓과 다진 마늘, 새우젓을 넣고 2분간 더 끓인다.
4 대파, 홍고추를 넣고 한소끔 더 끓인 후 쑥갓을 올리고 불을 끈다.
　⊕ 명란젓 자체에서 간이 배어 나오므로 따로 간을 하지 않아도 된다. 부족하면 마지막에 소금으로 간을 한다.

든든한 한 끼 식사

속풀이콩나물해장국

콩나물은 비타민C와 아스파라긴산이 풍부해 알코올 해독에 좋고, 오징어는 타우린이 풍부해 피로 회복을 돕습니다. 2가지 재료로 끓인 국에 밥을 곁들이면 그야말로 대한민국 대표 해장국밥이죠. 뚝배기에 끓여 뜨끈한 국물에 달걀을 넣으면 숙취 해소는 물론 영양까지 완벽한 한 끼예요.

재료 (1인분)

콩나물 100g, 오징어(몸통) 1/2마리, 대파 1/6대, 청양고추 1개, 달걀 1개, 고춧가루 1/2T, 다진 마늘 1t, 새우젓 1/2t, 소금 조금, 후춧가루 조금, 밥 1공기, 멸치 다시마 육수 3컵

멸치 다시마 육수
멸치 10마리, 다시마 1장, 물 4컵

1. 냄비에 물을 붓고 멸치와 다시마를 넣어 끓기 시작하면 다시마를 건져내고 10분간 더 끓인 뒤 멸치를 모두 건져낸다.
   ✚ 멸치 육수는 뚜껑을 열고 끓여야 비린내가 날아간다.
2. 멸치 다시마 육수에 깨끗이 씻은 콩나물을 넣고 3분간 데친 후 체로 건져낸다.
3. 콩나물을 데친 육수에 오징어를 30초간 살짝 데쳐 먹기 좋은 크기로 썬다.
4. 대파와 청양고추는 송송 썬다.
5. 뚝배기에 밥을 담고 데친 콩나물과 오징어를 소복이 올린 뒤 고춧가루, 다진 마늘, 새우젓을 넣고 멸치 다시마 육수를 부어 센 불에 끓인다.
6. 팔팔 끓으면 청양고추와 대파를 넣고 한소끔 더 끓인 후 불을 끄고 달걀을 깨 넣는다. 부족한 간은 소금, 후춧가루로 한다.

경상도식 소고기 뭇국

얼큰소고기뭇국

소고기 뭇국 하면 대개 맑은 국물을 떠올리지만 경상도에서는 고춧가루를 넣어 얼큰하게 끓입니다. 감기 기운이 있거나 쌀쌀한 날씨에 특히 생각나는 음식이지요. 무와 콩나물, 대파를 듬뿍 넣어 깊고 시원한 국물에 밥을 말아 먹으면 속도 든든하고 해장국으로도 좋은 한 그릇이에요.

재료 (3인분)
소고기 양지 200g, 콩나물 250g, 무 1/4개, 대파 2대, 표고버섯 4개, 느타리버섯 100g, 물 6컵

양념
고춧가루 3T, 다진 마늘 1T, 국간장 2T, 참기름 2T, 액젓 2T, 후춧가루 넉넉히

1 콩나물은 깨끗이 씻어 체에 받쳐 물기를 뺀다.

2 무는 큼직하게 나박나박 썰고, 대파는 5cm 길이로 썰어 반으로 가르고, 표고버섯은 얇게 편을 썰고, 느타리버섯은 결 따라 손으로 찢는다.

3 냄비에 참기름을 두르고 소고기, 국간장, 다진 마늘을 볶는다.

4 고기가 익으면 무와 고춧가루를 넣고 볶는다. 무에 어느 정도 색이 배면 물을 붓고 뚜껑을 덮어 센 불에 끓인다.

5 팔팔 끓으면 콩나물을 넣고 2분간 더 끓인 후 표고버섯, 느타리버섯, 대파를 넣고 액젓으로 간을 한 후 한소끔 더 끓인다. 마지막에 소금, 후춧가루로 간을 한다.

천연 단백질 보충제

황태해장국

명태를 얼렸다 말렸다 하기를 수십 회 거듭해서 만든 황태는 명태보다 단백질이 5배나 풍부하며, 타우린 성분이 피로 회복은 물론, 간 해독과 체내 독소 배출을 돕는다고 합니다. 황태해장국은 숙취가 있는 날 피로 회복과 체력 보충을 위해 꼭 먹어야 할 보양식이에요.

재료 (2인분)
황태채 40g, 콩나물 50g, 무 120g, 두부 1/2모, 대파 1/2대, 청양고추 1개, 달걀 1개, 쌀뜨물 3컵, 참기름 1T, 국간장 1T, 다진 마늘 1t, 새우젓 1/2T, 소금 조금, 후춧가루 조금

1. 황태채는 물에 살짝 헹군 후 먹기 좋은 크기로 자른다.
2. 두부는 한입 크기로 썰고 무는 얇게 나박나박 썬다. 청양고추는 송송 썰고, 대파는 어슷썰기를 한다.
3. 냄비에 참기름을 두르고 중약불에 황태채를 달달 볶다가 황태채가 오그라들면 무와 국간장을 넣고 볶는다. 무가 투명해지면 쌀뜨물을 붓고 센 불에 끓인다.
   ⊕ 쌀뜨물 대신 멸치 다시마 육수를 넣어도 된다.
4. 국물이 팔팔 끓으면 두부와 콩나물, 다진 마늘, 새우젓을 넣고 3분간 더 끓인 후 대파와 청양고추를 넣어 2분간 더 끓인다.
5. 볼에 달걀을 풀어서 끓는 국에 둘러 붓고 젓지 않은 채로 한소끔 더 끓인다.

얼큰한 국물이 일품!

해물순두부

술을 마신 다음 날 얼큰한 국물이 생각난다면 해물순두부를 추천합니다. 부드러워서 소화가 잘되는 순두부로 속을 달래고, 해물이 우러난 시원 칼칼한 국물에 땀을 흘리면 숙취는 어느새 멀리 사라질 거예요.

재료 (2인분)
순두부 350g, 새우 3마리, 바지락 100g, 미더덕(또는 오만둥이) 50g, 대파 1/2대, 양파 1/2개, 애호박 1/4개, 청양고추 1개, 달걀 1개, 멸치 다시마 육수 3컵, 참기름 1T, 고춧가루 2T, 다진 마늘 1T, 참치액 1T, 국간장 1T

멸치 다시마 육수
멸치 10마리, 다시마 1장, 물 4컵

1. 새우는 내장, 물총, 수염을 제거한다.
   ⊕ 새우 손질하기(24쪽)
2. 애호박, 양파는 적당한 크기로 썰고, 청양고추와 대파는 어슷썰기를 한다. 파기름용 대파는 따로 다진다.
3. 예열한 뚝배기에 참기름을 두르고 다진 대파와 다진 마늘을 가볍게 볶아 향을 낸 후 바지락, 새우, 고춧가루를 넣고 볶는다.
4. 바지락이 입을 벌리기 시작하면 육수를 붓고, 끓어오르면 미더덕, 애호박, 양파를 넣어 3분간 더 끓인다.
5. 순두부를 큼직하게 잘라 넣고 국간장, 참치액으로 간을 한 뒤 청양고추와 대파를 넣어 한소끔 더 끓여서 불을 끄고 달걀을 깨뜨려 넣는다.
   ⊕ 순두부가 온전한 모양을 유지하도록 최대한 젓지 않는다.

불맛 가득 얼큰한 국물

해물짬뽕

해물이 우러난 깊고 시원한 국물에 채소를 듬뿍 넣어 풍성한 식감의 해물짬뽕을 만들어봅니다. 얼큰한 국물로 속을 풀고 싶은 날 꼭 생각날 거예요.

재료 (2인분)
중화면 2개, 오징어(몸통) 1마리, 새우 6마리, 바지락(또는 홍합) 1줌 (100g), 당근 1/6개, 양파 1/2개, 양배추 100g, 대파(흰 부분) 1/4대, 주키니 호박 1/6개, 청경채 2개, 다진 마늘 1T, 고춧가루 2T, 간장 1T, 치킨스톡 1T, 굴소스 1t, 후춧가루 조금, 물 4컵

1. 대파는 다지고, 양파는 굵게 채 썰고, 당근, 양배추, 주키니 호박은 손가락 길이로 얇게 썬다. 청경채는 밑동을 자르고 반으로 가른다.
2. 오징어는 칼집을 내고 5cm 길이로 자른다.
3. 끓는 물에 중화면을 삶은 뒤 찬물에 헹궈 물기를 뺀다.
4. 깊은 팬에 기름을 넉넉히 두르고 대파와 다진 마늘을 볶아 향을 낸 후 채소를 센 불에 볶는다. 팬 가장자리에 간장을 살짝 두르고 끓으면 간장이 졸아들면서 불맛이 입혀진다. 재료가 잘 섞이도록 볶는다.
   ⊕ 더욱 매콤한 맛을 원한다면, 식용유 대신 고추기름으로 사용한다.
5. 채소 숨이 죽고 즙이 나오면 고춧가루를 넣고 재빠르게 볶다가 채소가 잠길 정도로 물을 붓는다. 치킨스톡, 굴소스, 후춧가루를 넣어 뭉근하고 자작하게 끓인다.
   ⊕ 물은 자작하게 끓인 후 여러 번에 나눠 넣어야 깊고 진한 국물 맛을 낼 수 있다.
6. 물을 더 붓고 끓어오르면 바지락, 오징어, 새우를 넣고 1분간 더 끓인다. 삶은 중화면에 뜨거운 물을 부어 살짝 데쳐 그릇에 담고, 짬뽕 육수와 건더기를 붓는다.

녹진한 국물에 비벼

카레우동

카레는 항암, 항산화 등 건강에 좋은 식품으로 알려져 있어요. 특히 카레에 들어 있는 강황은 간에 쌓인 독소를 배출하는 효과가 있어 숙취 해소에도 좋습니다. 진한 카레의 풍미와 쫄깃한 우동의 조합, 고급스러운 토핑까지 전문점 못지않은 카레우동 한 그릇 완성해보세요.

재료 (1인분)
우동면 1개, 고체 카레 100g, 버터 15g, 양파 1개, 양송이버섯 5개, 다진 돼지고기 120g, 소금 조금, 후춧가루 조금, 물 2컵

토핑
새우 4마리, 마늘 2~3개, 쪽파 조금, 마늘 플레이크 조금, 시치미 조금(생략 가능)

1 양파는 채 썰고, 양송이버섯과 마늘은 얇게 편을 썬다.
2 새우는 껍질을 벗기고 내장을 제거한 다음 등을 길게 가르고 소금, 후춧가루로 밑간을 한다.
   ➕ 냉동 칵테일 새우를 사용해도 좋다. 새우 손질하기(24쪽)
3 냄비에 버터를 녹이고 약불에 채 썬 양파를 갈색이 될 때까지 볶아 캐러멜라이징한다.
   ➕ 캐러멜라이징이란 당분이 있는 재료를 태우듯이 가열해 단맛과 향을 끌어올리는 것이다.
4 다진 돼지고기, 소금, 후춧가루를 넣고 볶다가 양송이버섯을 넣고 한 번 더 볶는다. 고기가 어느 정도 익으면 물을 부어 한소끔 끓인 후 고체 카레를 넣고 저어가며 뭉근하게 끓인다.

5 팬에 올리브오일을 두르고 약불에 마늘을 볶아 향을 낸 후 새우를 앞뒤로 굽는다.
6 끓는 물에 1분 30초간 우동면을 삶은 후 체에 받쳐 물기를 뺀다.
7 오목한 그릇에 삶은 우동면을 담고 카레와 새우, 마늘, 마늘 플레이크 등 토핑을 올린다.

마늘 플레이크 만들기
팬에 기름을 넉넉히 두르고 약불에 편으로 썬 마늘을 노릇하게 튀긴 후 키친타월에 올려 기름을 제거한다. 에어프라이어를 사용한다면 얇게 슬라이스한 마늘을 올리브오일에 버무리고 바닥에 펼쳐서 180도에 10분간 굽는다.